Das Herz erwecken

Zwölf Schritte zu einem mitfühlenden Leben

Irmentraud Schlaffer

Das Herz erwecken

Zwölf Schritte zu einem mitfühlenden Leben

Theseus Verlag

Besuchen Sie Theseus im Internet: www.Theseus-Verlag.de

Bibliografische Information der Deutschen Bibliothek
Die Deutschen Bibliothek verzeichnet diese Publikation in der deutschen Nationalbibliografie;
detaillierte bibliografische Daten sind im Internet über http://dnb.ddb.de abrufbar.

Originalausgabe

Lektorat: Michael Stürzer

Copyright © 2006 by Theseus Verlag, Berlin,
in der Verlagsgruppe Dornier GmbH

Umschlaggestaltung: Morian & Bayer-Eynck, Coesfeld, www.mbedesign.de
unter Verwendung eines Fotos © Hildegard Morian
Gestaltung und Satz: AS Typo & Grafik, Berlin
Druck: Clausen & Bosse, Leck

Printed in Germany

ISBN 3-89620-295-2
ISBN 978-3-89620-295-6

Gedruckt auf alterungsbeständigem Papier mit chlorfrei gebleichtem Zellstoff.

Wir sind feinfühlige und mitfühlende Wesen.
Das ist unsere Natur.
Mitgefühl braucht und kann nicht künstlich hervorgebracht werden.
Es strahlt und wärmt von sich aus wie eine Sonne
und ist niemandes Besitz.
Mitgefühl ist unser eigentliches Sein.
Wie wir dieses Sein zulassen können –
davon handelt dieses Buch.

Inhalt

Teil 1 Einführung

Teil 2 Der freie Fluss des Mitgefühls

Teil 3 Wahres Mitgefühl kennt keine Grenzen

Anhang

Vorwort

Sehnen wir uns nicht alle nach Liebe, nach menschlicher Wärme und Zuneigung, nach einem freudvollen und unterstützenden Austausch in der Gemeinschaft mit anderen? Diesen Wunsch sollten wir ernst nehmen und nicht als bloße Fantasie beiseite wischen. Denn es ist möglich, dass wir positive und wohltuende Eigenschaften wie Liebe und Mitgefühl zur Entfaltung bringen und somit glücklicher und erfüllter leben.

Im Alltag sind unsere Begegnungen mit der Umwelt jedoch oft unbefriedigend. Wir haben das Gefühl, da läuft etwas nicht ganz rund, so als würden zwei Oberflächen aneinander reiben, sich gelegentlich verhaken und mit einem Ruck wieder voneinander lösen. Das Ganze scheint zu quietschen und zu eiern. Und manchmal erleben wir das Zusammentreffen mit anderen sogar so, als pralle man frontal aufeinander und stoße sich gleich wieder ab.

Der Grund für diese schwierigen Interaktionen liegt in unserer tief verwurzelten Furcht, hinterfragt, bedroht, bloßgestellt oder verletzt zu werden. Um dies zu verhindern, errichten wir Grenzen und Mauern. Wir erstarren und zeigen nach außen hin eine harte, vielleicht sogar stachelige Schale, die unseren inneren weichen und verletzlichen Kern schützen und unser Überleben garantieren soll.

Das Dilemma liegt nur darin, dass unser weicher Kern den Austausch mit anderen braucht, um nicht so zu verhärten wie die Schale. Alle Menschen sehnen sich danach, ihr Herz zu öffnen, geliebt zu werden und selbst zu lieben, und haben doch gleichzeitig Angst davor.

Die Lehre des Buddha zeigt, dass es einen Ausweg aus diesem Dilemma gibt. Sie versichert uns, dass wir keine Angst haben müssen, bedroht oder verletzt zu werden, denn wir sind von Natur aus stark und klug. In uns sind alle positiven Qualitäten bereits angelegt: Freundlichkeit, Intelligenz, Gutsein, Mitgefühl, Großzügigkeit und vieles mehr. Niemand kann diese Qualitäten angreifen oder zerstören und auch wir können keiner anderen Person diese Qualitäten absprechen. Allerdings ist das Gute, das uns innewohnt, meist nicht auf den ersten Blick zu erkennen. Es scheint nur teilweise sichtbar, so als sei es von etwas verdeckt oder umhüllt. Oder wir betrachten es gleichsam mit der falschen Brille, sodass es verschwommen oder verzerrt wirkt. Dennoch ist es immer vorhanden.

Der Weg, der es uns ermöglich, diese Qualitäten in ihrer ganzen Pracht zum Vorschein zu bringen, ist der Weg der Offenheit. Er besteht darin, offen zu sein für alles, was auf uns zukommt, uns unvoreingenommen auf jede neue Situation einzulassen und aus dem Herzen heraus darauf zu antworten.

Dieser Weg erfordert Vertrauen und Mut, denn auf ihm legen wir nach und nach unsere harte, stachelige Schale ab. Wir ziehen uns nicht mehr bei jedem Kontakt in unser Schneckenhaus zurück, sondern zeigen uns mehr und mehr so, wie wir sind: schön und empfindsam.

Es scheint ein schwieriger Weg zu sein, doch was wir auf ihm gewinnen, ist das einzig Sinnvolle und Wertvolle im Leben. Wir lösen das Starre in uns auf, all die Barrieren im Denken und Fühlen, die wir unnötigerweise errichtet haben und die so viel Leid für uns und andere verursacht haben.

Unsere Lebenskraft glich zu Eis gefrorenem Wasser. Für die Dauer eines langen, strengen Winters war es zu einem bizarren, scharfkantigen Eisgebilde erstarrt. Nun endlich kann es zu schmelzen beginnen. Jetzt kann unsere Lebenskraft wieder fließen, wir geraten selbst in Fluss und können uns vom Fluss des Lebens tragen lassen. Wir lassen uns auf jede Situation ein mit dem Vertrauen, dass die Inspiration zu uns kommen wird, angemessen und richtig zu antworten. Ein freundlicher Austausch mit anderen wird möglich.

Die Freude, die damit einhergeht, im Fluss des Lebens zu sein, versetzt uns auch in die Lage, das Leid zu ertragen, das es in der Welt gibt. Wir wehren es nicht mehr ab. Da wir unsere harte Schale abgelegt haben, empfinden wir das Leiden unter Umständen sogar stärker als früher. Aber es wirft uns nicht mehr aus der Bahn. Auf dem Weg des Übens wächst das Vertrauen in unsere innere Fähigkeit, mit den anderen mitzufühlen, Freud und Leid mit ihnen zu teilen und Auswege aus dem Leid zu finden.

So wird spürbar, dass Mitgefühl, das Mit-Fühlen und Mit-Empfinden mit anderen, eine der wichtigsten und wertvollsten Qualitäten im Leben ist. Es ermöglicht uns, wirklich Kontakt mit anderen aufzunehmen, indem wir empfinden, was sie empfinden. Dadurch entsteht eine Art Gleichklang, eine Resonanz, die uns zu einem Handeln befähigt, das zum Wohle aller ist. Nur so kann wahre und wohltuende Gemeinschaft und Gemeinsamkeit, ein friedliches und kreatives Zusammensein mit anderen, entstehen.

Der Weg des Mitgefühls bedeutet, sich zu öffnen, statt sich abzugrenzen, zu empfinden und zu fühlen, statt sich abzuschotten und gefühllos zu werden.

Dass unser Mitgefühl noch nicht in seinem ganzen Umfang und seiner Kraft zum Vorschein kommen und frei fließen kann, liegt daran, dass es von bestimmten Hindernissen gehemmt wird. Es ist, als ob es von Dämmen und Wällen zurückgehalten würde und nur durch kleine Risse und Spalten hindurchtröpfeln könnte.

Wenn Sie sich auf den Weg des Mitgefühls begeben, folgen Sie Ihrer wahren Natur. Sie wehren sich dann nicht mehr gegen Ihr Innerstes, kämpfen nicht mehr gegen sich selbst. Die Energien, die Sie bisher für diese unnötigen und sinnlosen Kämpfe und die Abwehr von Gefühlen aufgebracht haben, können Sie nun für den kreativen Austausch mit Ihrer Umwelt einsetzen. Somit nützt dieser Weg sowohl Ihnen als auch den anderen. Er nützt Ihnen, weil er Sie in Einklang mit sich selbst bringt – was zutiefst befriedigend und befreiend ist – und er nützt anderen, weil Sie Ihr Herz für deren Belange und Bedürfnisse öffnen und sich daraus ganz neue Möglichkeiten des Zusammenlebens ergeben.

Teil 1

Einführung

Was ist Mitgefühl?

Für die meisten von uns fängt Mitgefühl zu Hause im Umgang mit vertrauten Menschen an. Wir trösten unser Kind, wenn es hingefallen ist, muntern unsere Partnerin oder unseren Partner auf, wenn sie frustriert sind oder ihnen etwas misslungen ist. Auch in Freundschaften ist Mitempfinden mit den anderen da, wir hören einander zu, unterstützen uns in schwierigen Situationen, teilen Freud und Leid miteinander.

Mitgefühl heißt, ich sehe, dass eine Person unzufrieden ist, ein Problem hat, nicht glücklich ist, also leidet, und fühle ihr Leid in mir. Es kann sein, dass mein Herz wehtut, sich mein Bauch verkrampft oder mir die Tränen kommen. Ich versuche dann zu helfen, zu trösten, zu heilen, zu beschützen – was immer nötig und möglich ist.

Im Buddhismus wird Mitgefühl definiert als der Wunsch, dass niemand leiden möge. So heißt es in den »Vier Unermesslichen Qualitäten«, die im dritten Teil dieses Buches ausführlich vorgestellt werden: »Mögen alle Wesen frei sein von Leiden und der Ursache des Leidens.« Mitgefühl drückt sich in Wünschen und Handlungen aus, die darauf abzielen, anderen aus ihrer schwierigen und leidvollen Situation herauszuhelfen. Deshalb ist Mitgefühl auch mehr als nur Mitleid. Wir versinken nicht im Leiden der anderen, sondern entwickeln Kraft und Mut, ihnen beizustehen und zu helfen.

Damit dürfen wir uns aber nicht über die anderen erheben. Es geht nicht darum, von oben herab und aus sicherer Entfernung jemandem mit einer lässigen Handbewegung ein Quentchen unseres Reichtums oder unserer Zuwendung zu geben. Mitgefühl heißt vielmehr, sich ganz für die anderen und ihre Nöte zu öffnen und diese letztendlich

14

so zu fühlen, als wären es die eigenen. So beginnen wir spontan, alles zu tun, damit sich die anderen wohl fühlen und glücklich sind.

Dieses umfassende Mitgefühl darf aber nicht mit einem falsch verstandenem Märtyrertum oder Helfersyndrom verwechselt werden. Es geht nicht darum, sich für andere aufzuopfern und vielleicht im Gegenzug Dankbarkeit oder Anerkennung zu erwarten. Mitgefühl kommt von Herzen, nicht aus Pflichtgefühl oder Berechnung.

Außerdem muss unser Mitgefühl nicht immer sanft und honigsüß sein. Manchmal ist es notwendig, jemanden gleichsam an den Schultern zu schütteln, um ihn aufzuwecken. Besonders Eltern und Erzieher wissen, dass sich Mitgefühl zuweilen in einer gewissen Strenge, zumindest aber in einem konsequenten Handeln ausdrücken muss. Weder Liebe noch Mitgefühl bedeuten, dass man andere Menschen nicht mit unliebsamen Wahrheiten konfrontieren sollte.

Mitgefühl entsteht ganz von alleine für Menschen, die uns nahe stehen. Doch Mitgefühl für Fremde zu entwickeln, ist nicht immer leicht. Am ehesten gelingt uns dies noch bei Menschen, die durch äußere Umstände in Not geraten sind, etwa durch ein Erdbeben, einen Hurrikan oder einen Terrorakt. Schwieriger wird es, Mitgefühl für Menschen zu entwickeln, die sich anscheinend selbst in eine schlimme Lage gebracht haben. Fast unmöglich erscheint es, Mitgefühl zu empfinden für Personen, die anderen Gewalt zugefügt haben.

Bedeutet dies, dass unser Mitgefühl abhängig ist von Nähe und Zuneigung zu einer Person? Wird unser Mitgefühl von äußeren Einflüssen bestimmt? Ist also ein mitfühlendes Leben, das alle Wesen mit einschließt, ein Ding der Unmöglichkeit?

Hier kommt uns die Lehre des Buddha zu Hilfe, denn sie besagt, dass Mitgefühl als Potenzial schon in uns angelegt ist. Wir müssen Mitgefühl also nicht mit großer Anstrengung künstlich hervorbringen.

Es ist schon da. Es wartet nur darauf, sich endlich voll entfalten zu dürfen.

Nun werden Sie fragen: Wenn Mitgefühl ganz natürlich in uns vorhanden ist, warum zeigt es sich dann nur so selten und ist nicht schon in voller Blüte? Warum fällt es uns oft so schwer, mit anderen zu empfinden, warum gibt es so viel zwischenmenschliche Kälte, so viel Grausamkeit, Hass und Aggression auf der Welt?

Die Antwort des Buddha, in einfachen Worten zusammengefasst, lautet: Wir blockieren unser Mitgefühl, indem wir uns einbilden, wir müssten uns selbst gegen eine vermeintlich feindliche, von uns völlig verschiedene Welt verteidigen. Wir übersehen, wie verwoben wir mit der Umwelt und den anderen Lebewesen sind. Der Irrglaube, uns als Einzelkämpfer gegen das Universum behaupten zu müssen, lässt uns zu Egoisten werden, die so lange blind für die Bedürfnisse der anderen Lebewesen sind, bis wir erkennen, dass deren Wohlergehen auch für uns von Nutzen ist. Und es sind eben die uns nahe stehenden Personen, von denen wir – wenn auch noch so versteckt – einen Nutzen erwarten. Sobald wir diesen Nutzen nicht mehr erhalten, empfinden wir die andere Person meist als gar nicht mehr so nahe stehend, und auch unser Mitgefühl verringert sich rapide.

Diese Einsicht ist wenig schmeichelhaft, aber sie zeigt, dass wir selbst verantwortlich für unser Mitgefühl sind, also auch selbst aus unserem Dilemma herauskommen können. Und dieses Dilemma ist ja nicht nur ein persönliches, sondern betrifft unser Zusammenleben auf diesem Planeten. So kann jeder Einzelne von uns einen Beitrag zu einem friedlichen, harmonischen und liebevollem Zusammenleben leisten, indem wir unsere irrigen Vorstellungen ablegen und die uns innewohnenden positiven Qualitäten zum Vorschein kommen lassen.

Was behindert den freien Fluss unseres Mitgefühls?

Wie eben beschrieben, ist die grundlegende Ursache für den gehemmten Fluss unseres Mitgefühls das Festhalten an der irrigen Vorstellung, ein von der Umwelt getrenntes »Ich« zu sein. Was das aber wirklich bedeutet und welche Konsequenzen es hat, wenn wir diese falsche Vorstellung aufheben, können wir auf Anhieb nicht erfassen. Wir müssen schrittweise vorgehen, um das Dickicht unserer Verstrickungen und Verwirrungen, unserer Widerstände und Ängste aufzulösen. Schritt um Schritt müssen wir unsere Panzerungen und Schutzwälle abbauen, den Eisklotz in uns zum schmelzen bringen.

Eine ganze Reihe von Anleitungen, wie wir dabei vorgehen können, finden wir in den Lehren des Buddha. Aus dieser Schatzkammer speisen sich auch die Anregungen und Übungen in diesem Buch. Im Zentrum stehen dabei zwölf Tendenzen unseres Geistes, die den Austausch mit unserer Umwelt blockieren.

Die am tiefsten verwurzelte Tendenz ist nach buddhistischer Auffassung unsere Gewohnheit, zwischen angenehm, unangenehm und neutral zu unterscheiden. Kaum, dass unsere Sinne etwas wahrgenommen haben, urteilen wir darüber und teilen es in eine der drei Kategorien ein. Im Bezug auf Menschen heißt das, wir machen sie zu Freund, Feind oder jemandem, der uns nicht interessiert. Damit ist die Grundlage für die Begrenzung unseres Mitgefühls gelegt und deshalb werden wir uns in den ersten beiden Kapiteln des Übungsteils mit dieser Tendenz befassen.

In den fünf darauf folgenden Kapiteln untersuchen wir die fünf »Geistesgifte« Gier, Hass, Verblendung, Eifersucht und Stolz. Diese Empfindungen werden in der buddhistischen Tradition als Geistesgifte bezeichnet, weil sie keine oberflächlichen, schnell vorüberziehenden Emotionen sind, sondern tief sitzende negative Haltungen und Verhaltensweisen, die sich vergiftend auf unseren Geist auswirken. In ihren extremen Ausformungen sind die Geistesgifte mit Süchten vergleichbar. Wenn wir in ihrem Griff sind, erscheinen sie uns als absolut lebensnotwendig. Sie bilden dann die Rechtfertigung für unsere Existenz und wir klammern uns an sie, als seien sie unser Rettungsanker.

Wir werden sehen, dass jedes Geistesgift ein ganzes Spektrum von Haltungen und psychologischen Mustern umfasst, also eher ein Feld oder Gebiet beschreibt denn einen konkreten Punkt. Deshalb wird auch das, was wir den Geistesgiften entgegensetzen können, recht vielfältig und vielschichtig sein. Es wird zahlreiche Anregungen geben, mit diesen negativen Gewohnheiten umzugehen und sie zu schwächen, damit Positives zum Vorschein kommen kann.

In den verbleibenden fünf Kapiteln des Übungsteils untersuchen wir Gewohnheitstendenzen, die man im Grunde den fünf Geistesgiften zuordnen könnte, die aber als Einzelaspekte von so großer Tragweite sind, dass ihnen eigene Abschnitte gewidmet werden.

Manche der zwölf Hindernisse werden Ihnen sehr bekannt vorkommen, andere werden Ihnen fremd erscheinen. Nehmen Sie sich bitte dennoch für alle etwas Zeit, denn in irgendeiner mehr oder weniger ausgeprägten Form sind alle in uns vorhanden.

Bitte achten Sie bei der Beschäftigung mit Ihren vermeintlich negativen Seiten immer darauf, freundlich zu sich selbst zu sein. Es geht auf dem Weg des Herzens niemals darum, sich selbst zu verurteilen oder zu irgendetwas zu zwingen. Das würde auf Dauer nicht funktionieren. Auch mit uns selbst dürfen wir Mitgefühl praktizieren. Veränderung beginnt immer, indem wir zunächst einfach aufmerksam sind und die

Dinge erkennen, wie sie sind. Dann können wir uns daran erinnern, dass es noch andere Handlungsmöglichkeiten und Haltungen gibt, und uns sanft korrigieren.

Selbst die Geistesgifte sind gemäß der Lehre des Buddha im Grunde nichts anderes, als der verzerrte Ausdruck von positiven Qualitäten unseres Geistes. Man spricht von den »fünf Weisheiten«, in die die fünf Geistesgifte transformiert werden können. Es geht also nicht darum, unsere negativen Tendenzen zu verdammen, sie auszulöschen oder uns ihrer gar zu schämen. Es geht vielmehr darum, unsere Emotionen besser kennen zu lernen und sie dadurch zu verwandeln.

Schlechtes Gewissen, Selbstvorwürfe, Selbstzweifel und mangelndes Selbstwertgefühl sind völlig unnötig und bringen uns nicht weiter. Auch sind wir in unserer vermeintlichen Schlechtigkeit nicht so einzigartig, wie wir denken. Jeder, der sich bemüht, sein menschliches Potenzial zu entfalten, muss sich mit den gleichen inneren Schwierigkeiten und Widerständen auseinandersetzen. Das ist schon seit Menschengedenken so.

Wenn wir also von schlechten Gewohnheiten und Geistesgiften sprechen, ist es wichtig zu erkennen, dass ein erhobener Zeigefinger fehl am Platz ist. Wir sollten versuchen, die Haltung eines sachlichen, dennoch aufmerksam interessierten Forschers einzunehmen. Und wir dürfen es uns auch erlauben, gelegentlich über uns selbst zu lachen oder zumindest den Kopf zu schütteln: »Wie erstaunlich, was ich da alles fabriziere und anstelle!«

19

Wie wir den Weg des Herzens gehen können

Der Aufbau der einzelnen Kapitel des Übungsteils orientiert sich am Ablauf der traditionellen buddhistischen Schulung: Erst geht es darum, neue Informationen zu hören, dann müssen wir über das Gehörte nachdenken und es verinnerlichen, um es schließlich in unseren Alltag schrittweise zu integrieren. Am Ende steht der Wunsch, das positive Resultat der Übung mit den anderen Wesen zu teilen.

Jedes Kapitel des Übungsteils beginnt mit der Beschreibung einer der zwölf oben erwähnten Tendenzen. Wir werden sehen, dass diese weit vielschichtiger und vielgestaltiger sind, als es auf den ersten Blick erscheinen mag, und dass sie sowohl im Gewand scheinbar unbedeutender Gewohnheiten als auch extremer Verhaltensweisen auftreten.

Auch die tieferen Ursachen für diese Blockaden werden uns interessieren. Weiterhin werden wir untersuchen, inwiefern die Tendenzen schädlich für uns selbst und für andere sind, warum sie also überhaupt ein Hindernis für ein liebevolles und mitfühlendes Miteinander darstellen. Unser Ziel ist natürlich immer, positive Gegenimpulse zu setzen, sodass die Hindernisse aufweichen und letztlich ganz verschwinden, unser Herz sich öffnen und Mitgefühl zum Vorschein kommen kann.

Nach dem ersten, beschreibenden Abschnitt jedes Kapitels ist es empfehlenswert, eine kurze Pause einzulegen und das Buch für einen Moment zur Seite zu legen. Lassen Sie die Informationen auf sich wirken. Eine uralte buddhistische Übung, die Sie dabei unterstützen kann, ist die Konzentration auf den Atem. Richten Sie Ihre Aufmerksamkeit sanft auf die Bewegung des Ein- und Ausatmens. Sitzen Sie eine Weile still, etwa fünf bis zehn Minuten, und nehmen Sie einfach den Rhythmus Ihres Atems wahr.

Wenn Sie sich dann offen und bereit für eine Reise in die unbekannte Welt Ihrer eigenen Vorurteile, Gewohnheiten und Emotionen fühlen, können Sie das Buch wieder zur Hand nehmen und den Anregungen zum Nachsinnen folgen. Die Übungen sind meist in der Form von Fragen gehalten. Bitte lassen Sie diese immer ein wenig auf sich wirken. Es geht nicht um schnelles, logisches oder schlagfertiges Antworten. Geben Sie sich einfach etwas Raum, damit Antworten in Ihnen aufsteigen können. Vielleicht möchten Sie diese Antworten oder neuen Ideen auch aufschreiben.

Der Abschnitt des Nachsinnens und Verinnerlichens wird gefolgt von Anregungen für den Alltag und einigen konkreten Tipps für mögliche Änderungen Ihres Verhaltens. Zunächst geht es vor allem darum, die Gewohnheiten, mit denen wir unser Herz verschließen, zu bemerken. Schon das allein kann uns die Augen öffnen. Wenn es Ihnen dann noch gelingt, ein paar Dinge tatsächlich zu ändern, auch wenn es scheinbar nur Kleinigkeiten sind, sind Sie schon dabei, manche Weiche neu zu stellen.

Nach jedem Kapitel sollten Sie sich ein paar Tage mit den jeweiligen Inhalten beschäftigen, um wirklich einen Schritt auf dem Weg des Herzens machen zu können. Dabei muss mitfühlendes Handeln nicht an die große Glocke gehängt werden. Es kann einfach bedeuten, dass Sie sich um Freundlichkeit bemühen, wo es Ihnen bisher schwer fiel: im Umgang mit problematischen Menschen, in Stresssituationen, vielleicht auch im Umgang mit sich selbst. Es kann aber auch ein Engagement für eine soziale oder politische Sache bedeuten.

Der letzte Teil der Übungen widmet sich der positiven Ausrichtung unseres Geistes, indem wir gute Wünsche und Vorsätze formulieren. Wünschen Sie sich selbst und den anderen einfach das, was Sie als besonders gut und positiv empfinden! Solche Wünsche zu formulieren hilft Ihnen, Ihr Herz zu öffnen. Auch besinnen Sie sich damit immer wieder darauf, was Ihnen im Leben wichtig ist. Wünsche auszusprechen ist außerdem eine Wertschätzung der in Ihnen und anderen bereits sichtbaren heilsamen Qualitäten. Unser Ziel ist, diese zu stärken und zu fördern, wo es nur geht, damit unser eigenes Herz und das der anderen schließlich erweckt wird und die erleuchteten Qualitäten frei aus ihm hervorströmen können.

Es empfiehlt sich, Ihre Wünsche aufzuschreiben und sie in den folgenden Tagen immer wieder, besonders abends vor dem Zu-Bett-Gehen, laut zu lesen. Besorgen Sie sich doch ein schönes Buch für diese Wünsche und behandeln Sie es wie einen Schatz. Das wird dann Ihr »Wunschbuch«.

Am Ende jedes Kapitels können Sie Ihre Wünsche in einen konkreten Vorsatz einfließen lassen. Auch diesen Vorsatz sollten Sie in Ihr Wunschbuch schreiben. Er erhält damit einen besonderen Platz und Sie nehmen ihn ernster.

Manche der Übungen und Anregungen in den einzelnen Kapiteln mögen Ihnen auf den ersten Blick banal vorkommen. Vielleicht erwarten Sie dramatische Ansätze und drastische Veränderungen. Bitte bedenken Sie, dass kleine Ursachen große Wirkungen haben können. Sogar das Lösen des kleinsten inneren Knotens wird spürbar sein. Sie werden weicher und zugänglicher für andere und somit ein angenehmerer und umgänglicherer Zeitgenosse und tragen damit zu einer menschlicheren Gesellschaft bei.

Nachdem wir die Übungen des Hauptteils hinter uns gelassen haben, werden im dritten Teil die Vier Unermesslichen Qualitäten vorgestellt. Dabei handelt es sich um eine im Buddhismus weit verbreitete Übung zur Erweckung unserer positiven Qualitäten. Haben wir uns in den zwölf Schritten mit der Überwindung von Blockaden befasst, so sind die Vier Unermesslichen Qualitäten eine Übung, die uns dabei hilft, unsere Herzensqualitäten unmittelbar zu erfahren.

Warum unsere guten Wünsche wirksam sind

Es war nun schon mehrfach von der Bedeutung des Wünschens die Rede. Als erwachsene, aufgeklärte Menschen haben wir wahrscheinlich zuletzt als Kind einen Wunsch mit dem Vertrauen ausgesprochen, dass er wirklich etwas bewirken kann. Doch in vielen spirituellen Traditionen haben gute Wünsche und Wunschgebete bis auf den heutigen Tag ihre wichtige Stellung beibehalten.

Gute Wünsche laut auszusprechen wird im Buddhismus richtiggehend gepflegt. Immer wieder, besonders nach jeder Meditationsübung, spricht man solche Wünsche zum Wohle der Wesen, mit der Überzeugung, dass sie, wenn vielleicht auch erst auf lange Sicht hin, Positives bewirken werden.

Anderen und uns selbst Gutes zu wünschen ist ein wichtiges Signal beim Erwecken des Herzens. Wenn wir verstanden haben, dass sich alle Wesen im Grunde die gleichen Dinge wünschen – Liebe, Zufriedenheit, Geborgenheit, Glück –, dann ist es nur folgerichtig, dass wir den Wesen all dies von Herzen wünschen, auch wenn wir ihnen nicht immer unmittelbar und eigenhändig dazu verhelfen können.

Wir wünschen ja auch einem Kranken gute Besserung, selbst wenn wir ihn nicht gesundzaubern können, oder einem Freund viel Glück für eine Prüfung, auch wenn wir ihm dabei nicht wirklich behilflich sein können. Durch diese Wünsche drücken wir unsere Anteilnahme aus und geben dem anderen Kraft und das Gefühl, dass er oder sie nicht alleine ist.

Indem wir gute Wünsche formulieren, nehmen wir am Leben der anderen teil, an ihrem Leid und ihrem Glück. Es ist ein Weg, uns ein Stück weit für andere zu öffnen und zarte Fäden der Verbindung zu knüpfen. Damit wirken wir den Tendenzen zur Verschlossenheit und Verhärtung entgegen und bewegen uns in Richtung Mitempfinden.

Wir spüren in uns selbst und auch bei anderen, ob ein Wunsch bloßes Lippenbekenntnis ist oder ob er wirklich von ganzem Herzen kommt. Somit geht es auch beim Wünschen um eine Hinwendung zum Herzen. Es gilt, das eigene Herz zu spüren: Gibt es in meinem Leben einen zentralen wichtigen Wunsch? Was ist mein Herzenswunsch? Was ist für mich im Leben wirklich wichtig? Was wünsche ich meinen Nächsten und Liebsten?

Ein regelmäßiges Fokussieren auf die Frage »Was ist mir wirklich wichtig im Leben?«, ist auch ein wesentlicher Bestandteil jedes spirituellen Weges. Manchmal werden wir gleichsam dazu gezwungen, etwa durch eine schwere Krankheit oder durch den plötzlichen Tod eines lieben Menschen. Aber im Alltagstrott lenken uns so viele Dinge von dieser zentralen Frage ab und es geschieht leicht, dass wir unsere Ausrichtung im Leben aus den Augen verlieren, uns sozusagen verlaufen und Dinge tun, die weder für uns noch für andere heilsam sind. Daher ist es wichtig, dass wir uns immer wieder auf das ausrichten, was uns wichtig ist. Das Formulieren von Wünschen kann uns dabei helfen.

Jeder Wunsch ist wie das Einpflanzen eines Samenkorns. Es mag Jahre dauern, bis aus dem Samen ein Baum gewachsen ist und dieser schließlich Früchte trägt, aber das Wachstum beginnt mit dem Einpflanzen und der Pflege des Samenkorns.

Noch ein anderer wichtiger Aspekt kommt hier zum Tragen: Man spricht Wünsche tunlichst laut aus. Sie stehen damit klar und deutlich im Raum. Es ist, als wäre man auf einen hohen Berg gestiegen und hätte sie ins ganze Universum hinausgerufen. Je tiefer ein Wunsch aus unserem Herzen kommt, je einsgerichteter er ist und je überzeugter und inbrünstiger er ausgesprochen wird, desto mehr Kraft liegt in ihm. Man geht im Buddhismus davon aus, dass Wünsche nachschwingen und nachwirken, sowohl in der Person, die sie ausgesprochen hat, als auch im ganzen Universum.

Im Westen finden wir diese Betonung des aufrechten Wortes und des Wünschens fast nur noch in Sagen, Volkserzählungen und Märchen. Dort erfahren wir von Schwüren und Eiden, Segens- und Bannsprüchen, aber auch von Flüchen und Verwünschungen. Und die Kraft des Zauberwortes kennen wir von Goethes »Zauberlehrling«.

Im Alltag haben wir den Glauben an die Macht des persönlichen Wortes heute weitgehend verloren. Das Wort, sei es geschrieben oder gesprochen, bedeutet in unserem modernen Leben nicht mehr viel. Wir werden tagtäglich von einer Flut an Informationen überschüttet. Wir tragen sogar selbst dazu bei, indem wir viel Unnötiges sagen, Dinge aussprechen, die wir selbst nicht glauben oder hinter denen wir nicht wirklich stehen. Dadurch schwächen wir die Kraft unseres Wortes.

Auf der spirituellen Reise kommen wir in diese Bereiche zurück. Hier spielt die Kraft des Wortes, die Kraft von Versprechen und Gelübden, eine wichtige Rolle. Dessen müssen wir uns wieder bewusst werden, denn wenn wir mit guten Wünschen arbeiten wollen, so muss unser Wort seine wahre Bedeutung und seine Kraft wieder zurückbekommen. Erst dann können wir selbst und andere unserem Wort wieder vertrauen. Dann können wir mit Überzeugung gute Wünsche aussprechen.

Ein Weg, uns der Kraft des Wortes wieder anzunähern, besteht darin, auf unsere Rede und ihre Wirkung auf andere achten. Das bedeutet, dass wir darauf achten, wie und was wir sprechen. Wir sollten uns bemühen, freundlich, offen und ehrlich zu reden und nur das versprechen, was wir halten können. Auf unser Wort muss Verlass sein, auch vor und für uns selbst.

Eng verbunden mit dem Wünschen ist das Fassen von Vorsätzen. Ein aus der Tiefe unseres Herzens kommender wohlwollender Vorsatz, den wir bewusst und möglichst einsgerichtet fassen, vielleicht auch feierlich aussprechen, hat eine enorme Kraft. Er ist wie ein fliegender Teppich und trägt uns durch alle Schwierigkeiten, die sich auf dem Weg ergeben, hindurch. Diese Kraft machen wir uns nutzbar, indem wir am Ende eines jeden Kapitels einen positiven Impuls in der Form eines konkreten Vorsatzes setzen.

Bei aller Beschäftigung mit der Unermesslichkeit von positiven Qualitäten und der daraus erwachsenden Inspiration, sollten wir nie aus den Augen verlieren, dass die Entfaltung des Mitgefühls im Alltag beginnt. Hier ist unser Übungsfeld. Hier fangen wir an. Für uns alle gibt es genug Möglichkeiten und Aufgaben in unserer unmittelbaren Umgebung. Dort, mit den Menschen, denen wir tagtäglich begegnen, beginnt der Weg des Herzens und des Mitgefühls.

Teil 2

Der freie Fluss des Mitgefühls

1. Schritt

Das Freund-Feind-Denken durchschauen

In uns wirkt ein Mechanismus, den wir im Allgemeinen kaum bemerken: Wir nehmen eine Einteilung der Menschen vor in solche, die wir mögen, und solche, die wir nicht mögen. Außerdem gibt es eine riesige Gruppe von Personen zwischen diesen beiden Polen. Diese Menschen sind uns schlichtweg egal.

Für Tiere haben wir ähnliche Kategorien. Da gibt es welche, die finden wir schön und elegant, ihre Kraft und Schnelligkeit beeindruckt uns. Andere finden wir nur Furcht erregend und gar nicht anziehend. Interessant ist unser Empfinden zu Nagetieren: Kleine Hamster finden wir süß, Mäuse gerade noch niedlich, aber Ratten finden die meisten Menschen definitiv widerlich. Zu vielen Tieren haben wir gar keine besondere Meinung. Irgendwelche Käfer oder Würmer in der Erde kümmern uns recht wenig, wenn sie nicht gerade unsere Bemühungen stören, einen schönen Garten zu pflegen oder Gemüse zu ziehen.

Wir haben für alle Lebewesen, ja im Grunde für all unsere Erfahrungen, Schubladen zur Hand. Manche dieser Kategorien machen in bestimmten Situationen sicher Sinn: »Wo sich Haie aufhalten, werde ich nicht tauchen.« »Vor aggressiven Menschen werde ich mich in Acht nehmen.« Leider ist es aber so, dass wir dieses Einteilen auch dann vornehmen, wenn es keine unmittelbare Bedrohung für uns gibt. Es ist eine sehr starke Gewohnheit geworden, der wir ständig und unaufhörlich nachgehen und die es uns fast unmöglich macht, anderen Menschen und Situationen unvoreingenommen zu begegnen. Solche Vorurteile führen dazu, dass wir uns vor anderen verschließen und den Fluss des Mitgefühls hemmen.

Wenn wir diese Gewohnheitstendenz aufgeben wollen, müssen wir uns ihrer zuallererst bewusst werden. Deshalb besteht eine der grundlegenden buddhistischen Übungen darin, zu erkennen, wie wir alles, was wir erfahren, sofort in drei Kategorien einteilen: angenehm, unangenehm und neutral. Das Angenehme wollen wir an uns ziehen und festhalten, das Unangenehme zurückweisen oder zerstören und das Neutrale ignorieren wir einfach. Allein diese Tendenz zu bemerken kann uns schon helfen, sie ein wenig aufzulockern.

Darauf aufbauend können wir in einem zweiten Schritt beobachten, wie willkürlich unsere Bewertungen sind. Das lässt sich am Beispiel von Essen und Trinken gut veranschaulichen. Zum einen ist das, was wir als schmackhaft oder ungenießbar empfinden, kulturell bedingt. Zum anderen verändern sich auch im Laufe unseres Lebens unsere persönlichen Vorlieben. Die meisten Kinder lieben Süßes, während Erwachsene oft eher herben, scharfen und bitteren Geschmack vorziehen. Es liegt also etwas Willkürliches in diesen Einteilungen.

Ähnlich ist es mit unseren Vorurteilen und vorgefassten Meinungen über andere Menschen. Noch bevor wir eine Situation oder einen Menschen richtig kennen gelernt haben, haben wir innerlich schon eine Entscheidung getroffen, in welche Schublade wir ihn stecken. Das ist das Gegenteil einer offenherzigen und mitfühlenden Haltung.

Achten Sie einmal darauf, wie Sie fremde Menschen bewerten, an denen Sie auf der Straße vorbeigehen. Im Bruchteil einer Sekunde haben Sie den anderen von Kopf bis Fuß gemustert, schätzen ihn ab und bewerten ihn.

Auch Menschen, mit denen wir mehr zu tun haben, bewerten wir ständig. Hier können wir unser Bemühen beobachten, Menschen für uns zu gewinnen, Koalitionen zu schmieden und vermeintliche Feinde zu isolieren. Auch wenn wir es nicht wahrhaben wollen oder es im All-

29

gemeinen nicht so drastisch ausdrücken: Wir teilen alle Menschen ein in Freunde, Feinde und solche, die uns egal sind. Im Extremfall führt dies zu der Haltung:»Wer nicht für mich ist, ist gegen mich.«

Warum bewerten wir eigentlich eine bestimmte Person als Feind und eine andere als Freund? Wir suchen vielleicht nach Bestätigung, Unterstützung und Wohlwollen. Wer uns das zu geben vermag, gilt uns als Freund. Wer uns hingegen ständig stört, kritisiert, angreift, uns sozusagen das Wasser abgräbt, den bezeichnen wir meist als Feind.

Wahrscheinlich haben Sie schon erlebt, dass diese Einteilung nicht immer greift. Jemand, der uns kritisiert, kann uns auf lange Sicht viel weiter bringen als eine Person, die uns ständig nach dem Mund redet. Ein vermeintlicher Feind zeigt uns unsere Schwächen und Grenzen; das kann sehr gesund sein. Und sicherlich haben Sie schon Situationen erlebt, in denen sich solche Einteilungen geändert haben. Ein langjähriger Freund, ein Partner, eine Geliebte, verwandelt sich plötzlich in unseren ärgsten Feind. Und eine Person, der wir bisher keinerlei Beachtung zollten, kann im Laufe der Zeit zum besten Freund werden.

Unser Mitgefühl umfasst meist nur diejenigen, die wir als unsere Freunde definieren. Für Feinde Mitgefühl zu empfinden erscheint uns völlig unmöglich. Das Mitgefühl selbst ist in Wirklichkeit jedoch unbegrenzt. Dass es nicht zu allen Wesen gelangt, liegt nicht etwa daran, dass es nur eine begrenzte Menge davon gäbe, sondern daran, dass wir eine Grenze zwischen Freund und Feind errichtet haben. Es handelt sich dabei sogar um eine gewaltige Grenzanlage mit Stacheldraht und hohen Mauern.

Wir tun gut daran, diese Grenzanlage ein Stück weit zurückzubauen. Wenn es uns darum geht, Mitgefühl für alle Wesen zu entwickeln, ist dieses Freund-Feind-Denken ein großes Hindernis und jeder Stein, den wir abtragen, bringt uns unserem Ziel näher.

Den ersten Schritt gehen

Machen Sie es sich gemütlich, sorgen Sie dafür, dass Sie ungestört sind. Legen Sie Ihr Wunschbuch oder einfach ein Blatt Papier bereit. Vielleicht möchten Sie sich einige Dinge, die Ihnen beim Nachsinnen einfallen, aufschreiben. Richten Sie dann Ihre Aufmerksamkeit auf den Atem. Bemerken Sie einfach, wie Sie atmen. Spüren Sie den Rhythmus des Ein- und Ausatmens. Mehr ist nicht zu tun. Gönnen Sie sich einige Minuten und wenden Sie sich dann den nachfolgenden Fragen und Anregungen zu.

Zum Nachsinnen

Wen würden Sie als Ihren Freund oder Ihre Freundin bezeichnen? Vergegenwärtigen Sie sich eine konkrete Person. Welche Eigenschaften dieses Menschen machen ihn zu Ihrem Freund oder Ihrer Freundin? Schreiben Sie mindestens drei wichtige Eigenschaften auf.

*

Welchen Menschen würden Sie als Ihren Feind bezeichnen? Welche Eigenschaften machen diesen Menschen zu Ihrem Feind? Notieren Sie mindestens zwei Eigenschaften.

*

Gibt es Menschen, die im Laufe Ihres Lebens für Sie einen anderen Wert bekommen haben, die von einem Freund zum Feind oder vom

31

Feind zum Freund geworden sind? Wenn ja, warum ist das geschehen? Könnte das auch mit Ihrem jetzigen Freund und Ihrem jetzigen Feind geschehen?

*

Stellen Sie sich einen konkreten Freund oder eine Freundin vor und wünschen Sie dieser Person alles Glück der Welt. Wie fühlt sich das an?

*

Versuchen Sie nun, Ihrem vermeintlichen Feind Gutes zu wünschen. Wünschen Sie ihm Glück, Gesundheit und Wohlstand! Wie fühlt sich das an? Stoßen Sie dabei auf innere Widerstände? Wo im Körper können Sie diese gegebenenfalls spüren? Gelingt es Ihnen, dem anderen wenigstens ein klein wenig Glück zu wünschen?

Achten Sie in den nächsten Tagen auf Folgendes

Was geschieht, wenn Ihnen unbekannte Menschen auf der Straße begegnen? Beobachten Sie Ihre Neigung, diese Menschen blitzschnell einer Art Prüfung zu unterziehen. Welche Menschen bewerten Sie dabei als sympathisch, welche als unsympathisch, welche als neutral? Nach welchen Kriterien gehen Sie dabei vor?

*

Achten Sie darauf, wie Sie Äußerungen von Menschen beurteilen, die Sie bereits als schwierig eingeordnet haben. Haben Sie die Tendenz, alles, was diese Menschen tun oder sagen, negativ zu interpretieren?

32

Anregungen zum Handeln

Versuchen Sie, Ihr Verhalten gegenüber einer konkreten Person, die Sie als schwierig empfinden, ein wenig zu ändern: Werfen Sie dieser Person einen freundlichen Blick zu statt eines verschlossenen – wenn möglich, sogar ein Lächeln. Stellen Sie eine freundliche Frage, bieten Sie Ihr etwas an. Hören Sie ihr zu!

Wünsche und Vorsätze

Überlegen Sie, was Ihr größter Wunsch in Bezug auf die Überwindung des Freund-Feind-Denkens ist, schreiben Sie ihn in Ihr Wunschbuch und lesen sie Ihn sich heute und auch in den kommenden Tagen mehrfach, am besten laut, vor. Folgende Wünsche können Ihnen als Anregung für Ihren eigenen Wunsch dienen:

Möge es mir gelingen, allen Menschen mit der gleichen Offenheit und Freundlichkeit zu begegnen.

Möge ich lernen, nicht mehr zwischen Feinden und Freunden zu unterscheiden.

Mögen andere Menschen nicht mehr in den Kategorien von Freund und Feind denken.

Mögen wir alle ohne Vorurteile aufeinander zugehen.

Abschließend können Sie überlegen, mit wem Sie gerade Schwierigkeiten haben und wie Sie zu einer Lösung des Problems beitragen können. Formulieren Sie einen Vorsatz in der Art von:

Ich nehme mir vor, für .... *(Name einer Person) offener zu sein.*

Ich nehme mir vor, auch die positiven Eigenschaften von .... *(Name einer Person) wahrzunehmen.*

Damit Ihre Vorsätze nicht gleich wieder verpuffen und Sie sich selbst zeigen, dass Sie es ernst meinen, ist es hilfreich, sie in Ihr Wunschbuch zu schreiben und eine Woche lang jeden Abend laut zu lesen.

2. Schritt

Alle Menschen als gleichwertig erkennen

»Die spinnen, die Römer.« Diesen Spruch kennen Sie wahrscheinlich aus den bekannten Asterix-Heften. Er ist im Grunde nichts weiter als ein Ausdruck der Hilflosigkeit: Die gallischen Comic-Helden können das Verhalten der römischen Legionäre nicht nachvollziehen und wissen sich nicht anders zu helfen, als die Römer für »verrückt« zu erklären. Damit scheint die Angelegenheit erledigt. Die anderen sind einfach anders, deshalb ist es gar nicht möglich, sie zu verstehen, und man braucht sich auch keine weitere Mühe zu geben.

Mit Sicherheit kennen Sie Witze über bestimmte Personenkreise, etwa über Blondinen, über Fahrer bestimmter Automarken, über Schwaben, Bayern, Ostfriesen oder Schotten und vermutlich haben Sie schon über solche Witze gelacht – vielleicht mit ein wenig schlechtem Gewissen. Denn wir alle wissen, dass es sich hier um Vorurteile und das Festklopfen von Stereotypen handelt. Andererseits haben Sie vielleicht auch das Gefühl, dass doch ein Körnchen Wahrheit in den Witzen liegt. Sie könnten ein Versuch sein, mit dem »Anders-Sein« der betreffenden Menschen oder sozialen Gruppe auf eine humorvolle Art umzugehen.

Vielleicht haben Sie auch schon an sich selbst die Tendenz bemerkt, andere Gruppen als grundlegend anders einzustufen als Ihre eigene Bezugsgruppe – seien es die gegnerische Fußballmannschaft, die rivalisierende politische Partei, das konkurrierende Geschäftsunternehmen oder Menschen einer anderen Region mit anderem Akzent und Lebensstil. Sehr leicht werden die anderen als dümmer, unfähiger, ungeschickter, skrupelloser und grober bewertet. Und oft werden dann

35

Witze über sie erzählt, die ihre angebliche Dummheit und Unterlegenheit demonstrieren sollen.

Solange dies mit Augenzwinkern, Humor und einer gewissen Selbstironie geschieht, also nicht wirklich ernst genommen wird, und die Mitglieder der anderen Gruppe mit Respekt und Würde behandelt werden, entsteht kein großer Schaden. Wenn wir aber das vermeintlich grundsätzliche Anders-Sein der anderen als Legitimation heranziehen, um sie herabzusetzen und nicht mehr als vollwertige Menschen zu behandeln, sollten alle Alarmsirenen erklingen: Dann bewegen wir uns in Richtung Chauvinismus, Rassismus, Sexismus oder politischen beziehungsweise religiösen Fanatismus. Die anderen Menschen werden nun als grundsätzlich verschieden von uns definiert und weil sie aus unserer Perspektive so anders sind und ihr Verhalten so wenig nachvollziehbar erscheint, geschieht es leicht, dass alle möglichen Ängste auf sie projiziert und sie als potenziell gefährlich für die eigene Gruppe eingestuft werden.

Damit wird es uns unmöglich, für diese vermeintlich fremdartigen Wesen unser Herz zu öffnen und mit ihnen wirklich mitzuempfinden. Es entstehen große Hindernisse für ein friedliches Zusammenleben und die Menschlichkeit selbst kann auf der Strecke bleiben. Darum ist es besonders wichtig, dass wir solche Tendenzen erkennen und ihnen entgegenwirken.

Ein Mittel, das uns die Lehre des Buddha hierfür zu Verfügung stellt, besteht darin, uns immer wieder vor Augen zu führen, dass alle Lebewesen Freude und Schmerz empfinden wie wir, dass sie glücklich sein wollen wie wir und dass sie alle das gleiche Recht haben, glücklich zu sein, genauso wie wir.

Im vorhergehenden Kapitel haben wir uns bereits bemüht, mit dem vorschnellen Einteilen der Menschen in Freunde und Feinde auf-

2. Schritt · Alle Menschen als gleichwertig erkennen

zuhören. In diesem Kapitel haben wir es mit Kategorien zu tun, die bereits festgelegt und erstarrt sind und nicht nur individuell, sondern von Gruppen, Familien oder ganzen Nationen gepflegt und aufrechterhalten werden. Entsprechend schwierig sind diese Kategorien auch aufzulösen.

Den Anfang müssen wir jedoch bei uns selbst machen. Wir müssen auf uns selbst schauen, auf unsere eigenen, manchmal sehr verborgenen Gedanken und Gefühle. Und hier müssen wir ehrlich sein, denn wir alle haben die oben beschriebenen Tendenzen in uns. Manchmal erschrecken wir vielleicht über uns selbst und denken: »Das ist ja rassistisch, was mir gerade durch den Kopf ging oder was ich gesagt habe!« Doch es hilft kein Ignorieren oder Wegschieben unserer Vorurteile. Es gilt, sie zu bemerken und sie als Hindernis für ein liebevolles Miteinander zu erkennen, um dann Gegenimpulse zu setzen.

Es kann auch sein, dass wir das Leid, von dem wir tagtäglich in den Medien erfahren und das uns unerträglich erscheint, abwehren wollen, indem wir uns vorgaukeln, die anderen Wesen seien grundlegend anders als wir und ihr Leiden sei daher »gar nicht so schlimm«.

Wenn zum Beispiel Bilder von großer Armut im Fernsehen gezeigt werden, denken wir vielleicht insgeheim, um uns selbst zu trösten: »Diese Menschen kennen das gar nicht anders. Sie sind damit aufgewachsen. Sie kommen damit zurecht.« Dahinter steckt das Vorurteil, diese Menschen seien grundsätzlich anders als wir selbst und würden deshalb auch nicht wirklich so leiden wie wir. Sie scheinen anders zu empfinden als wir; härter, unempfindlicher und grober zu sein.

Unsere Tendenz, andere Wesen als grundlegend andersartig zu definieren, gilt es zu überwinden. Denn dieses Bollwerk, das wir da vor uns aufbauen und das uns davor schützen soll, das Andere und Fremde, das uns vielleicht Angst macht, zu nahe an uns heranzulassen, schafft nichts als Probleme. Wir schotten uns ab, verhärten und werden unglücklich. Und unsere Umwelt erlebt uns als schroffe und abweisende Wesen.

Wie bereits erwähnt, kann uns die Lehre des Buddha unschätzbare Hilfe leisten, wenn es um das Abbauen unserer inneren Grenzen geht, denn sie erinnert uns daran, dass alle Wesen gleich sind. Alle möchten glücklich sein. Alle möchten Schmerz vermeiden und Wohlsein erfahren. Alle wünschen sich Nahrung, körperliche Unversehrtheit, Liebe, Sicherheit und Wohlgefühl. Und alle leiden, wenn sie das nicht bekommen. Anstatt uns mit oberflächlichen Unterschieden in Aussehen, Kultur und Mentalität aufzuhalten, sollten wir uns an diese Gemeinsamkeit erinnern.

Den Lehren des Buddha folgend sind alle Lebewesen aber noch in einer anderen Weise grundlegend gleich: Alle sind im Grunde gut, sie haben die so genannte »Buddha-Natur«, ein innewohnendes Gutsein, das Potenzial zur Erleuchtung. Dieses Gutsein drückt sich aus in Qualitäten wie Liebe, Mitgefühl, Vertrauen, Weisheit, Gleichmut und Großzügigkeit. Bei uns allen ist dieses grundlegende Gutsein in seinem Ausdruck verzerrt. Man könnte sagen, die ausgestrahlten Wellen sind überlagert von störenden Signalen. Die Botschaft kommt daher nur teilweise an. Diese Verzerrung kann fast bis zur Unkenntlichkeit des Originaltons führen. Aber Tatsache bleibt, dass die ursprüngliche Botschaft da ist. Jedes Wesen hat die Buddha-Natur – nicht als Besitz oder etwas, das man in Anspruch nehmen könnte. Es ist eher so, als wären wir alle aus ihr gemacht.

Weil alle Lebewesen Buddha-Natur haben, sind alle von gleichem Wert. Was wir als Fehler oder negative Eigenschaften an anderen Menschen wahrnehmen, sind nur vorübergehende Störungen. Sie beeinträchtigen die Kostbarkeit und Leuchtkraft der Buddha-Natur nicht.

Man vergleicht das Negative mit Wolken, die sich nur zeitweise vor die Sonne der Buddha-Natur schieben.

Wenn wir unser Mitempfinden auf alle Lebewesen ausdehnen wollen, hilft es, wenn wir uns vergegenwärtigen, dass wir alle – bis hin zum kleinsten Insekt – dieses positive Potenzial in uns tragen. Und alle Wesen sind empfindsam. Sie alle leiden, wenn sie in ihrer körperlichen, geistigen oder psychischen Freiheit oder Unversehrtheit eingeschränkt oder verletzt werden. Niemand kann sich wirklich an Leiden gewöhnen.

So unvorstellbar schwierig es uns zu Beginn auch erscheinen mag, wir müssen uns allmählich für das unermessliche Leiden, das es im Universum gibt, öffnen. Je mehr es uns gelingt, die Grenzen zwischen uns und den anderen fallen zu lassen, desto mehr wird auch unser grenzenloses Mitgefühl fließen. Und wir werden Möglichkeiten finden, zur Linderung des Leidens beizutragen, sei es durch persönlichen Einsatz, durch Spenden oder durch das Entwickeln einer liebevollen Haltung in unserem Lebensumfeld.

Ständiges und starres Abschotten und Abgrenzen gegen das Leid der anderen jedoch lässt uns gefühllos werden. Damit fügen wir uns selbst Schmerzen zu, denn verkrampft, verschlossen und abgestumpft fühlen wir uns selbst nicht wohl in unserer Haut. Es ist also sowohl in unserem Interesse als auch in dem unserer Mitmenschen, dass wir uns, so gut wir es vermögen, öffnen.

Den zweiten Schritt gehen

Bevor Sie sich den nachfolgenden Fragen und Anregungen zuwenden, sollten Sie sich wieder etwas Ruhe gönnen und einfach nur auf Ihren Atem achten. Atmen Sie ganz natürlich ein und aus und bemerken Sie den Rhythmus Ihres Atmens. Lassen Sie sich Zeit dafür.

Zum Nachsinnen

Welche sozialen Gruppen sind für Sie sehr wichtig? Ihre Familie, Ihre gesellschaftliche Schicht, Ihr Sportverein, Ihre Berufskollegen? Welche Eigenschaften zeichnen diese Gruppen aus? Welche Qualitäten schätzen Sie besonders an diesen Gruppen? Versuchen Sie, diese Eigenschaften möglichst konkret zu benennen und schreiben Sie sie auf.

*

Gibt es Gruppen, die Ihnen vollkommen fremd sind, die Sie nicht verstehen, die Ihnen vielleicht sogar Angst machen? Welche Gruppen sind das? Welche Eigenschaften haben diese Gruppen Ihrer Meinung nach? Warum machen sie Ihnen Angst? Sehen Sie eine Möglichkeit, das zu verändern?

*

Waren Sie schon einmal in der Situation, dass Menschen Ihnen mit Vorbehalten oder Vorurteilen begegnet sind wegen Ihres Geschlechts, Ihres Aussehens, Ihrer Herkunft? Wenn ja, was haben Sie empfunden? Konnten Sie die Vorbehalte und Vorurteile der anderen auflösen?

*

Was haben Ihrem Gefühl nach alle Menschen gemeinsam? Was wünschen sich alle Menschen? Was haben alle Wesen (Menschen und Tieren) gemeinsam? Notieren Sie Ihre Einfälle und Gedanken.

Achten Sie in den nächsten Tagen auf Folgendes

Wie denken und sprechen Sie von Ihrer geschäftlichen Konkurrenz? Welche Worte, welche Ausdrucksweise verwenden Sie dabei? Sprechen Sie mit Achtung oder mit Verachtung? Ist Ihre Haltung sachlich gerechtfertigt?

*

Achten Sie beim Lesen der Zeitung oder beim Verfolgen der Fernsehnachrichten darauf, ob Sie die betroffenen Menschen als Ihnen gleich oder als grundsätzlich anders empfinden. Achten Sie darauf, ob Sie vor sich selbst Argumente vorbringen, die Ihnen weismachen, die anderen würden gar nicht wirklich leiden.

*

Stellen Sie sich vor, die Not leidenden Menschen, die in den Nachrichten gezeigt werden, wären Menschen, die Ihnen sehr nahe stehen, vielleicht Ihre Mutter, Ihr Vater, Ihre Kinder, Ihre Schwestern oder Ihre Brüder. Wie würden Sie dann empfinden?

Anregungen zum Handeln

Versuchen Sie, Menschen, die Ihnen fremdartig erscheinen, so zu behandeln wie Menschen, die Sie gerne mögen. Auch ein Mensch, der ganz anders gekleidet ist als Sie und eine andere Sprache spricht, freut sich über ein Lächeln oder eine kleine freundliche Geste.

41

Versuchen Sie, immer den einzelnen Menschen zu sehen und nicht in erster Linie seine Zugehörigkeit zu einer bestimmten Gruppe. Bedenken Sie im Umgang mit Ihnen fremden Menschen, dass Ihr Gegenüber wie Sie selbst Glück und Leid, Schmerz und Freude, Hunger und Durst empfindet, dass dieser Mensch friert und schwitzt, lacht und weint wie Sie.

Wünsche und Vorsätze

Wenn Sie vom Leid anderer erfahren, können Sie den Betroffenen je nach den Umständen Linderung wünschen:

Mögen alle Wesen in Frieden leben.
Mögen alle Wesen von Unwetterkatastrophen verschont bleiben.
Mögen alle Kinder dieser Welt unbeschwert aufwachsen.

Formulieren Sie Ihre eigenen Wünsche und sprechen Sie diese nach Möglichkeit laut aus, zum Beispiel, wenn sie schreckliche Nachrichten hören oder sehen. Formulieren Sie auch einen Wunsch, der Ihre Haltung und die der anderen betrifft:

Möge es mir gelingen, allen Wesen gegenüber Achtung und Mitgefühl zu empfinden.
Mögen alle Wesen frei sein davon, andere gering zu achten.

Fassen Sie schließlich wieder einen konkreten Vorsatz. Hier ein Vorschlag:

Ich nehme mir vor anzuerkennen, dass ....
(eine konkrete Gruppe) in ihrer Natur genauso viel Wert ist wie alle
anderen Menschen.

Notieren Sie den Vorsatz in Ihr Wunschbuch und lesen Sie ihn sich in
den nächsten Tagen immer wieder laut vor.

3. Schritt

Gier schwächen

In den ersten beiden Schritten haben wir uns damit befasst, die Tendenz zu schwächen, Menschen, die wir als Fremde oder Feinde kategorisieren, von unserem Mitgefühl auszuschließen. Nun richten wir das Augenmerk darauf, wie wir mit Menschen und Dingen umgehen, die wir in die Schublade »Freund« beziehungsweise »angenehm« stecken. Ganz einfach: Wir wollen sie haben! Wir greifen nach ihnen, wollen sie an uns ziehen und uns einverleiben. Sie sollen uns gehören, wir wollen sie in unsere Sammlung einreihen, darauf sitzen und sie nie wieder hergeben. Davon versprechen wir uns Befriedigung und Glück. Diese Tendenz, die in ihrer Extremform zur Gier wird, zählt im Buddhismus zu den fünf grundlegenden Geistesgiften.

Gier ist in unserer modernen Industriegesellschaft stark ausgeprägt und wird sogar gefördert. Allenthalben geht es um »mehr«: mehr Wirtschaftswachstum, mehr Verdienst, mehr Profit, mehr Leistung, mehr Kaufkraft, mehr Information, mehr Speicherkapazität, mehr Freizeit, mehr Sport, mehr Lustgewinn. Bedürfnisse werden durch Werbung künstlich geweckt und es wird uns vorgegaukelt, dass uns der Erwerb bestimmter Produkte Befriedigung bringt.

Doch Gier wird begleitet von einer gewissen Rastlosigkeit. Irgendwie hat man nie genug. Wir müssen immer weiterjagen und können uns diesem kollektiven Wahnsinn kaum entziehen. Schon das allein verursacht viel Leid, Stress und Konkurrenzkampf, ganz abgesehen von der Frustration derjenigen, die nicht an der Fülle des Konsums teilhaben können und sich ausgegrenzt fühlen.

Wenn wir uns die Gier genauer ansehen, erkennen wir, dass es dabei einzig um das Ansammeln und Horten geht, um das Aufsaugen und In-Besitz-Nehmen, nicht um ein vernünftiges Nutzen oder Teilen. Dabei spielt es letztlich keine Rolle, wonach wir jagen: Nahrung, Reichtum, Komfort, technische Geräte, Schmuck, Autos, Bekanntschaften, Liebhaber, Ruhm, Macht, Wissen, den ultimativen »Kick« oder spirituelle Ziele und Errungenschaften. Es ist stets die gleiche ichbezogene Haltung im Spiel, in der das Wohl der anderen kaum vorkommt. Gier stellt ein großes Hindernis für den freien Fluss des Mitgefühls dar.

Was bringt uns eigentlich dazu, unablässig nach mehr zu verlangen? Wir fühlen uns unvollständig. Wir haben das unbestimmte Gefühl, wir hätten keine ausreichenden Mittel und Ressourcen, seien arm, ohne Qualitäten und nichts wert. Und dieser Mangel, so glauben wir, ließe sich beheben, indem wir wie ein Magnet allerlei Dinge und Menschen an uns ziehen und dann festhalten, um so ein Gefühl von Wert und Erfüllung erfahren zu können.

Letzten Endes geht es dabei um die Gier nach Leben, den »Daseinsdurst«, wie es in den buddhistischen Schriften heißt. Darin liegt der Ursprung unseres Greifens und Klammerns und unserer völligen Fokussierung auf das eigene Überleben und die eigene Befriedigung.

Bei all diesem Trachten nach Befriedigung und Erfüllung sind wir völlig auf uns selbst fixiert. Unser Fokus ist einzig darauf ausgerichtet, unser Gefühl des inneren Mangels zu lindern. Ist diese Haltung extrem ausgeprägt, sehen wir andere Menschen nur noch als Objekte der Begierde, als Konkurrenten und Neider oder als bemitleidenswerte Versager, die all das Wunderbare, das wir selbst haben, nicht besitzen. Da ist kein Platz für Mitgefühl, denn wer völlig davon besessen ist, die eigenen Bedürfnisse zu befriedigen, kann es sich nicht leisten, anderen Beachtung zu schenken, sich für sie zu öffnen oder ihren Schmerz zu fühlen.

Vielleicht haben Sie schon einmal bemerkt, dass Gier mit einer gewissen körperlichen Anspannung oder gar Verkrampfung einhergeht. Es entsteht eine verkrampfte Fixierung auf das Objekt der Begierde und dann strecken wir die Hand aus und schnappen uns das Objekt – im wörtlichen oder übertragenen Sinn. Wie ein Tintenfisch mit unzähligen Greifarmen sind wir ständig auf der Lauer nach Dingen, die unsere innere Leere, die aus dem Gefühl der eigenen Unzulänglichkeit und des eigenen Mangels entstanden ist, füllen sollen.

Ein kleiner, dennoch sehr wichtiger Schritt, mit dem wir die Gier schwächen können, besteht darin, zu erkennen, wie viel wir im Laufe unseres Lebens bereits von anderen Menschen erhalten haben: Nahrung, Hilfestellungen, Wissen, Liebe, Schutz, Trost, Wärme und vieles mehr. Ständig profitieren wir von anderen. Wenn wir uns das bewusst machen, wird es uns leichter fallen, das Geben und Teilen zu üben und die Freude zu spüren, die es bereitet, wenn wir mit anderen teilen – sei es unsere Zeit, unsere Nahrung oder unsere Freude.

Schon allein die Wertschätzung des Teilens und Gebens kann der Tendenz zur Gier entgegenwirken. Aber natürlich müssen wir auch anfangen, praktisch zu teilen, wo immer es uns möglich ist. Plötzlich tauchen dann unsere Mitmenschen wieder in unserem Gesichtskreis auf. Sie freuen sich, dass wir sie bemerken und beschenken. So kann geteilte Freude und Dankbarkeit an die Stelle von Gier und einsamer Rastlosigkeit treten. Sowohl der Schenkende als auch der Beschenkte öffnen sich und ein freudiger Gleichklang entsteht.

Wenn wir erst einmal damit angefangen haben, unser Augenmerk mehr auf das zu richten, was wir haben, und weniger auf das, was uns fehlt, können wir langsam ein Gespür für den unermesslichen Reichtum entwickeln, den wir, wie es in den buddhistischen Lehren heißt, schon immer und unzerstörbar in uns tragen. Wenn wir diesen Reichtum wahrnehmen und zur Entfaltung bringen, wird die Jagd nach äußeren Dingen völlig unnötig, und wir können ihn zum Wohle aller einsetzen.

Im Buddhismus geht man davon aus, dass die in den Geistesgiften enthaltene Energie nicht wie bei einem Motor oder einer Maschine abgewürgt oder gleichsam heruntergefahren werden muss. Zwar müssen die ichbezogenen Aspekte aufgelöst werden, die in den Geistesgiften wirkende Kraft kann aber für positive Zwecke zum Wohle aller genutzt werden. In einem längeren Übungsprozess und unter Anleitung erfahrener Personen kann aus Gier dann die »Unterscheidende Weisheit« werden. Diese drückt sich dadurch aus, dass wir die Bedürfnisse der Menschen in ihrer Vielfalt erkennen und entsprechend auf sie eingehen. Man spürt den Schmerz in der Welt und streckt gleichsam seine Arme aus, um die Welt zu umarmen. So können die bislang nur verzerrt und verwirrt zum Ausdruck kommenden positiven Aspekte der Gier in Gestalt einer lebensfrohen, liebevollen und leicht zu begeisternden Persönlichkeit mit einer großen Wertschätzung für Schönheit und Kunst zur Geltung kommen.

Den dritten Schritt gehen

Bitte nehmen Sie sich wieder etwas Zeit für die nachfolgenden Überlegungen. Beginnen Sie damit, einige Minuten einfach nur zu atmen. Richten Sie Ihre Aufmerksamkeit auf das Ein- und Ausatmen. Alles andere ist für diese Zeit nicht von Belang. Lesen Sie dann die Fragen und lassen Sie Ihren Antworten Zeit, von alleine zu kommen.

47

Zum Nachsinnen

Was bedeutet Besitz für mich? Welche Dinge, die mir gehören, sind für mich besonders wichtig? Schreiben Sie diese Dinge auf.

*

Was passiert mit mir, wenn diese wichtigen Dinge verloren oder kaputtgehen? Bin ich dann ein anderer Mensch?

*

Nach welchen weiteren Dingen, Werten, Positionen und Errungenschaften strebe ich in meinem Leben? Was suche ich wirklich? Und warum suche ich danach? Machen Sie sich Notizen.

Achten Sie in den nächsten Tagen auf Folgendes

Achten Sie auf Ihre Körperempfindungen, wenn Sie das Gefühl haben, unbedingt etwas besitzen zu wollen. Wie fühlt sich das an? Spüren Sie irgendwo eine Spannung oder Verkrampfung?

*

Versuchen Sie einmal, wenn Sie schöne Dinge sehen, sich an ihnen zu erfreuen, ohne daran zu denken, sie haben zu wollen – bunte Blumen, erlesenes Geschirr, ein glänzender Sportwagen. Trotzdem können Sie die Schönheit dieser Dinge wertschätzen.

Anregungen zum Handeln

Nehmen Sie sich vor, mit anderen zu teilen. Das kann mit Freundlichkeit beginnen: Lächeln Sie einfach einmal auf der Straße oder im Zug jemandem zu. Kochen Sie etwas Leckeres und laden Sie ein paar Freunde dazu ein.

*

Sollten Sie eine Sammlung von schönen oder besonderen Dingen oder auch eine Sammlung von Wissen, Fähigkeiten oder Talenten besitzen, finden Sie Wege, diese mit anderen zu teilen, sodass möglichst viele Menschen daraus etwas Positives gewinnen können.

Wünsche und Vorsätze

Indem wir Wertschätzung empfinden für die schönen und angenehmen Dinge, die wir erleben, können wir wünschen, dass auch andere in den Genuss derselben kommen. Wenn Sie zum Beispiel bei einem köstlichen Mahl sitzen, können Sie den Wunsch formulieren, dass es auch anderen Menschen vergönnt sein möge, solche Köstlichkeiten zu genießen:

Mögen alle Wesen solch köstliche Speisen bekommen.
Mögen alle Wesen in einem sauberen und warmen Bett schlafen können.
Mögen alle Wesen gute Freunde haben.
Mögen alle Wesen gesundheitlich gut versorgt sein.

Welcher Wunsch ist für Sie besonders wichtig? Schreiben Sie ihn auf und sprechen Sie ihn mehrmals laut aus. Darüber hinaus sollten Sie auch wieder einen Wunsch finden, der Ihr eigenes Verhalten und das der anderen betrifft, wie zum Beispiel:

Möge ich lernen, freigebiger zu sein.
Mögen alle Wesen das Geistesgift Gier überwinden und ihr Glück mit anderen teilen.

Notieren Sie einen ähnlichen Wunsch in Ihren eigenen Worten in Ihr Buch. Fassen Sie dann noch einen konkreten Vorsatz, der zu Ihrer Situation passt:

Ich nehme mir vor, in Bezug auf ....
(meine Zeit, meine Fähigkeiten) großzügiger zu sein.

50

4. Schritt

Abneigung überwinden

Gibt es in Ihrem Umfeld einen Menschen, der Ihnen das Leben schwer macht? Vielleicht denken Sie manchmal: »Wenn nur dieser eine Mensch nicht da wäre« – am Arbeitsplatz, im Bekanntenkreis, in der Nachbarschaft –, »dann wäre alles in Ordnung.« Irgendetwas stört Sie an diesem Menschen. Er irritiert Sie, geht Ihnen auf die Nerven, ist ein Stein des Anstoßes. Sie sind ihm gegenüber meist recht reserviert, kühl oder abweisend. Und dennoch denken Sie mehr als nötig an diese Person, immer wieder kreisen Ihre Gedanken um sie.

Was wir in solchen Situationen empfinden, ist eine Art Abneigung oder Irritation, die auch zu einem Gefühl der Aggression werden kann. Wir fühlen uns selbst nicht wohl und für unser Gegenüber ist es vielleicht völlig rätselhaft, warum wir so ablehnend reagieren.

Manchmal richtet sich unser Ärger auch auf widrige Umstände oder störende Dinge, etwa auf das Regenwetter oder den verspäteten Zug. Vielleicht werden wir ungehalten, wenn wir über einen Schuh stolpern, im Stau stehen oder »ausgerechnet jetzt« krank werden.

All dies sind Umstände, die den reibungslosen Ablauf unserer Pläne stören. Sie stehen der Befriedigung unserer Bedürfnisse im Wege oder stellen uns infrage. Unser Fokus ist ganz auf die Erfüllung unserer eigenen Bedürfnisse gerichtet. Was oder wer uns dabei in die Quere kommt, wird letztlich als »Hindernis« oder »Feind« erlebt, auch wenn wir nicht unbedingt aggressiv reagieren. Vielleicht werden wir nur ein wenig ungeduldig und mürrisch.

Wie wir im vorhergehenden Kapitel gesehen haben, ist Gier das Verlangen, dasjenige, was wir als angenehm empfinden, an uns heran-

51

zuziehen. Wir strecken einen Arm aus und versuchen, etwas von außen nach innen zu ziehen. Als Gegenpol dazu ist Abneigung der Versuch, das, was als unangenehm eingestuft wird, von uns fern zu halten, abzuwehren oder gar zu zerstören. Hier geht die Bewegung von innen nach außen. Wir schieben oder stoßen etwas weg.

In der buddhistischen Terminologie wird diese Tendenz als das Geistesgift Hass bezeichnet, auch wenn es nicht unbedingt bei jeder Gelegenheit in dieser Intensität zu fühlen ist. Zum Geistesgift Hass zählt eine ganze Bandbreite von Emotionen und Tendenzen, angefangen bei Irritation, Abneigung und Ärger über Aggression bis hin zu Wut, Zorn und eben Hass.

Selbst wenn Sie ein Mensch sind, der nicht so leicht in Rage gerät, so werden Sie dennoch gelegentlich Abneigung oder Ärger empfinden. Damit daraus keine verhärtete und ablehnende Haltung wird, gilt es zu akzeptieren, dass andere Menschen das gleiche Recht haben wie wir, ungestört neben uns zu wohnen und ihre Meinung kundzutun. Die Welt gehört nicht uns alleine und wir müssen auch nicht immer die erste Geige spielen. Wir sollten uns bemühen, den Gesamtzusammenhang im Auge zu behalten. Nicht nur wir, auch der andere ist Teil der Gemeinschaft und trägt etwas zu ihr bei. Wir sollten einen Schritt zurücktreten, um die Situation als Ganzes zu sehen.

Zuweilen entsteht Irritation dadurch, dass uns Menschen zu nahe kommen, uns nicht genügend Freiraum geben, uns die Luft abschnüren oder an uns »kleben«. Möglicherweise haben wir unsere persönlichen Grenzen nicht rechtzeitig und klar zum Ausdruck gebracht. Dann ist es möglich, dass andere, vielleicht ohne es zu merken, immer wieder unsere Grenzen überschreiten. Das führt schließlich zum Gefühl, unser Gegenüber steige uns andauernd auf die Zehen. Irgendwann platzt uns dann der Kragen und die aufgestaute Wut entlädt sich in einem Gewitter von Vorwürfen und Beschimpfungen.

Um dies zu vermeiden, ist es sinnvoll, beizeiten deutlich auf die eigenen Grenzen hinzuweisen. Das setzt natürlich eine gewisse Aufmerksamkeit und Bewusstheit für uns selbst voraus und erfordert Mut. Wir haben vielleicht Angst, die andere Person zu verletzen, oder befürchten, als kleinlich und schwach abgestempelt zu werden. Im Sinne eines freundlichen und friedlichen Miteinanders ist es aber wichtig, dass wir im Umgang mit anderen möglichst klar über unsere Befindlichkeit sprechen. Damit geben wir anderen auch eine faire Chance, sich auf uns einzustellen.

Wenn wir uns den anderen mitteilen und uns um ein erweitertes Blickfeld bemühen, stellen wir uns bereits gegen den Hass, denn mit Ablehnung, Aggression und Wut geht immer eine Einengung der Wahrnehmung einher. Im Extremfall spricht man davon, dass man »blind vor Zorn« ist. Vielleicht haben Sie das auch schon am eigenen Leib erlebt.

Aber selbst in weniger ausgeprägter Form kann es sein, dass bestimmte Themen oder eine konkrete Person für Sie ein »rotes Tuch« sind. Dann werden Sie zu einem wütenden Stier, der blindlings auf dieses Tuch losgeht. Die Gesamtsituation verliert man dabei leicht aus dem Blick, andere Menschen und Umstände nimmt man nicht mehr richtig wahr. Alle Energien sind auf dieses eine Problem, diese eine Störung, gerichtet. In diesem Sinne ist Wut wie ein Rausch, in dem man nicht wirklich weiß, was man tut. Daher kann sie so viel Unheil anrichten.

Das stärkste, aber wohl auch am schwierigsten zu erzeugende Gegenmittel zu Abneigung und Hass ist Liebe. Vielleicht fragen Sie sich: »Wie soll ich das bloß anfangen, meine Feinde zu lieben?« Beginnen

Sie dort, wo es nicht ganz so dramatisch ist, etwa mit einem Menschen, den Sie »nur« als schwierig empfinden. Wenn es Ihnen gelungen ist, im Umgang mit diesem Menschen ein wenig freundlicher zu sein, vermögen Sie das vielleicht auch bald mit einer Person, die Sie stärker ablehnen. Und so können Sie sich allmählich vortasten und lernen, allen Wesen gegenüber offen und freundlich zu bleiben – und irgendwann einmal alle Wesen zu lieben.

Wir sollten uns allerdings im Klaren sein, dass dies ein Übungsprozess ist, der uns unser ganzes Leben lang begleiten wird. Haben Sie also bitte Geduld mit sich selbst.

Im Falle der Aggression und der Wut ist unsere Tendenz, anderen die Schuld für die eigenen Probleme zuzuschieben, besonders vorherrschend. Aber wir selbst sind für unsere Emotionen verantwortlich, nicht die anderen. Wir brauchen uns nicht provozieren, reizen oder ärgern zu lassen. Auch wenn jemand mit dem roten Tuch winkt, brauchen wir uns nicht in einen wütenden Stier zu verwandeln und darauf loszugaloppieren. Wir können ruhig bleiben, deutlich unsere Meinung sagen und nach friedlichen Konfliktlösungen suchen. Zu einem späteren Zeitpunkt, nach der akuten Situation, können wir nachfühlen, was genau uns eigentlich so wütend gemacht hat. Wir können gleichsam die rote Farbe und die Textur des Tuches sowie seine Wirkung auf uns erspüren. Wir können auch staunen über die immense Energie, die diese Wut in uns freigesetzt hat.

Diese mit Aggression und Wut einhergehende Energie ist ein Grund für die Schwierigkeit, das Geistesgift Hass wieder loszulassen. Wenn wir in Rage sind, spüren wir diese Kraft. Wir wissen nur nicht so recht, wohin damit. Manche Menschen schreien, andere laufen rastlos hin und her, wieder andere drohen mit der Faust und werfen mit Gegenständen um sich. Die Wut einfach verpuffen zu lassen würde sich so anfühlen, als hätte man aus uns die Luft herausgelassen, ja fast so, als würden wir aufhören zu existieren.

Wie schon am Beispiel der Gier erläutert, geht man im Buddhismus davon aus, dass die Geistesgifte transformiert werden können. Gelingt dies, so drückt sich die im Hass enthaltene Energie als »spiegelgleiche Weisheit« aus, die alles mit Präzision und Klarheit wahrnimmt, ohne zu beurteilen oder zu vergleichen.

Wir können uns dieser Qualität annähern, indem wir Aggression oder Ärger als Zeichen dafür annehmen, dass etwas nicht stimmt, dass es ein Problem oder einen Konflikt zu lösen gilt. Anstatt blindlings unserem Ärger zu folgen, lernen wir, die in der Aggression enthaltene Kraft einzusetzen, um unbeirrt und hartnäckig nach einer klaren, intelligenten und letztlich auch liebevollen Lösung des Problems zu suchen.

Wir handeln dann entschieden und kraftvoll. Es könnte von außen gesehen sogar den Anschein von Aggression haben, unsere innere Haltung ist aber eine der Klarheit und Sorge um das Wohl der anderen. Dies ist vergleichbar mit dem Verhalten von Eltern, die ihr Kind schimpfen, weil es ohne zu schauen über die Straße gelaufen ist. Vielleicht weint das Kind sogar, weil die Eltern plötzlich so böse werden. Dahinter steckt aber die Sorge um das Wohl des Kindes.

Wir alle wissen, wie viel Unheil und Leid durch Aggression, durch Zorn und Gewalt angerichtet und verursacht wird. Dies geschieht sowohl zwischen einzelnen Menschen als auch zwischen Nationen. Wo immer es uns möglich ist, sollten wir uns für die friedliche Lösung von Konflikten einsetzen. Vor allem aber sollten wir vor unserer eigenen Tür kehren und mit unseren Tendenzen der Ablehnung und Aggression arbeiten.

Wie können wir verlangen, dass Nationen friedlich miteinander leben sollen, wenn wir das noch nicht einmal mit unserem eigenen Nachbarn vermögen? Ablehnung, Aggression und Hass sind sehr große Hindernisse für ein Erwachen des Herzens und wir sollten wirklich beginnen, solchen Tendenzen in uns entgegenzuwirken.

In der buddhistischen Lehre gibt es viele Anleitungen zum Umgang mit Aggression. Hier einige Tipps für Menschen, die gelegentlich in Rage geraten:

Zunächst geht es darum, andere nicht zu verletzen. Wenn Sie voller Aggression sind und damit nicht fertig werden, sollten Sie aus der akuten Situation hinausgehen, etwa in ein anderes Zimmer. Dort werden Sie vielleicht wütend auf und ab gehen. Sie könnten vor Wut platzen, so sehr sind sie energetisiert. Spüren Sie die Energie in Ihrem eigenen Körper: »Wo ist die Wut? Wo genau in meinem Körper sitzt sie? Wie fühlt sie sich an?« Beobachten Sie einfach die körperlichen Auswirkungen der Wut. Sie dürfen auch staunen darüber, welche Prozesse da in Ihrem Körper ablaufen – ausgelöst einfach dadurch, dass eine bestimmte Person etwas Unangenehmes oder scheinbar Unerhörtes zu Ihnen gesagt hat.

Sie könnten sich auch fragen: »Welcher Teil meines Körpers ist eigentlich wütend? Mein Kopf, mein Bauch, meine Stimme, meine Hand, mein kleiner Zeh?« Versuchen Sie dann, nicht nur Ihren Körper wahrzunehmen, sondern auch das Zimmer, in dem Sie sich aufhalten, und schließlich auch Ihre ganze Umgebung. Lassen Sie die Wut mit dem Ausatmen etwas los. Sie brauchen sie nicht festzuhalten.

Auch lange nach einer verletzenden Situation kann die Wut uns umtreiben. Dann gilt es, unsere Gedanken zu beobachten. Denn was geschieht, ist, dass wir das, was uns wütend gemacht hat, immer wieder in unseren Gedanken abspielen, so wie die Endlosspule eines Tonbandes. Durch diese ständige Wiederholung setzten wir ein Gedanken-Karussell in Bewegung, das uns immer wieder daran erinnert, wie gemein der andere doch zu uns gewesen ist. So rechtfertigen wir unseren Zorn und schwelgen geradezu in ihm. Versuchen Sie, diesen Prozess wahrzunehmen, schon das alleine kann hilfreich sein.

Als Nächstes können Sie versuchen, dieses wirbelnde Gedanken-Karussell anzuhalten. Das wird nicht einfach sein. Denn die Wut gibt uns Energie, wir fühlen uns lebendig und energetisch. Auf eine bestimmte Weise genießen wir die Fahrt im zornvollen Karussell unserer Vorwürfe sogar. Und nun sollen wir plötzlich absteigen? Bemerken Sie Ihre inneren Widerstände dagegen. Manchmal hilft es schon, ein wenig über die endlosen Wiederholungen in unserem Geist zu lachen und den Kopf zu schütteln.

Wenn der Auslöser für Wut das Gefühl ist, von einer anderen Person bedroht zu werden, können wir in einer ruhigen Minute diesem Gefühl von Bedrohung nachspüren und uns fragen, was da vor sich geht: »Vielleicht bilde ich mir das Ganze nur ein? Möglicherweise bin ich gar nicht der Fokus aller Aktivitäten der anderen Person?« Versuchen Sie, mit dem anderen darüber zu sprechen, und suchen Sie gegebenenfalls auch Hilfe und Unterstützung von Seiten Dritter.

Wenn wir lange Aggression und großes Unrecht erfahren haben, kann dies auch dazu führen, dass sich unser Herz ganz verhärtet und verschließt, gleichsam zu einem Stein wird oder einfriert. Damit versuchen wir uns vor weiteren Verletzungen und dem Gefühl ohnmächtiger Wut zu schützen. Wenn auf lange Sicht mit »heißer« Wut nichts auszurichten ist, können kalter Zorn und eisige Verachtung entstehen. Wer sein Herz auf diese Weise eingefroren oder verschlossen hat, braucht Hilfe von außen, um sich wieder lebendig fühlen zu können.

Wenn Sie an sich oder anderen solche Seiten entdecken, sollten Sie sehr viel Geduld, Liebe und Herzenswärme aufbringen.

Den vierten Schritt gehen

Achten Sie zunächst wieder auf Ihren Atem. Spüren Sie sich selbst. Genießen Sie das Ein- und Ausströmen Ihres Atems. Tun Sie das, solange es Ihnen gut tut, und überlegen Sie dann Folgendes:

Zum Nachsinnen

Gibt es eine Person, auf die Sie im Moment wütend oder ärgerlich sind? Wer ist das? Stellen Sie sich diese Person vor und spüren Sie in sich hinein: »Was genau ärgert mich?« Versuchen Sie, es möglichst genau zu formulieren. Schreiben Sie es auf: »Diese Person macht mich wütend, weil ...« Überlegen Sie, was Sie tun können, um diese Situation leichter zu machen. Welchen Ausweg könnte es geben? Können Sie sich mit der betreffenden Person aussprechen, oder bleibt Ihnen nichts anderes übrig, als Ihre eigene Haltung zu ändern?

*

Versuchen Sie einmal, Ihr eigenes Verhalten aus der Perspektive anderer Menschen zu betrachten. Welche Ihrer eigenen Verhaltensweisen machen andere manchmal wütend? Können Sie das nachvollziehen, sind Sie bereit, daran etwas ändern?

Achten Sie in den nächsten Tagen auf Folgendes

Wenn andere Ihnen wütende Blicke oder Bemerkungen entgegen-
schleudern, kann Ihnen folgende Vorstellung helfen: »Ich bin durchlässig wie ein Sonnenstrahl oder ein Regenbogen. Die Wut der anderen Person geht durch mich hindurch, ohne irgendwo an mir haften zu
bleiben.« Sie brauchen nicht auf die Wut Ihres Gegenübers mit Vorwürfen oder Aggression zu reagieren. Selbst ruhig zu bleiben ist ein erster Schritt, die Situation nicht eskalieren zu lassen. Vielleicht gibt
Ihnen das den Raum, ein Gespür für die geeignete Auflösung der
schwierigen Situation zu bekommen. Manchmal ist es besser, erst einmal gar nichts zu sagen, das »Unwetter« vorüberziehen zu lassen und
später auf die Sache zurückzukommen oder Verständnis zu äußern für
die Wut des anderen. Wenn es uns gelingt, ein verletzendes oder irri-
tierendes Verhalten einzugestehen, das die Wut des anderen möglicherweise verursacht hat, kann sich so manche verfahrene Situation
schnell entspannen.

*

Versuchen Sie, wenn Sie Ablehnung gegenüber einem Menschen empfinden, zu spüren, wie sich das in Ihnen selbst anfühlt. Spüren Sie in
die Herzgegend. Was geschieht da? Achten Sie auch auf Ihre Schultern,
Ihren Bauch, Ihren Mund. Beobachten Sie einfach. Falls Sie irgendwo
eine Verkrampfung oder Verhärtung spüren, versuchen Sie, diese mit
dem Ausatmen ein wenig loszulassen.

Anregungen zum Handeln

Bemühen Sie sich, einer konkreten Person, die Sie nicht mögen oder als schwierig empfinden, mit etwas mehr Freundlichkeit und Geduld zu begegnen.

*

Nehmen Sie Entschuldigungen an und verzeihen Sie. Versuchen Sie, nicht nachtragend zu sein.

Wünsche und Vorsätze

Von der energetisierenden Wirkung der Wut war schon die Rede. Wenn Sie nun das nächste Mal wütend werden, könnten Sie sich wünschen:

Möge ich lernen, die Kraft, die in dieser Wut steckt, positiv zu nutzen.

Formulieren Sie Wünsche, die ihr Bestreben auf alle Wesen ausdehnt, zum Beispiel:

Möge ich andere Wesen nicht verletzen.
Möge ich lernen, alle Wesen zu lieben.

Schreiben Sie auch Wünsche für alle Wesen auf, wie:

Mögen alle Wesen lernen, in Frieden miteinander zu leben.

60

Fassen Sie schließlich wieder einen konkreten Vorsatz, der zu Ihrer augenblicklichen Situation passt:

Ich nehme mir vor, in Bezug auf ....
(eine bestimmte Sache) geduldiger / freundlicher zu sein.

Schreiben Sie alle Ihre Wünsche und Vorsätze in Ihr Wunschbuch und lesen Sie sich diese in den nächsten Tagen immer wieder laut vor.

5. Schritt

Selbst-Täuschung auflösen

Es gibt Zeiten, da wollen wir nichts sehen und hören von der Welt um uns herum. Wir verspüren ein Bedürfnis nach Ruhe und möchten einfach abschalten. Dann machen wir es uns gemütlich, nehmen vielleicht ein heißes Bad oder lenken uns mit Fernsehen oder einem spannenden Buch ab. Solche Pausen vom Trubel der Welt tun uns meistens gut und geben uns Kraft, am nächsten Tag wieder voller Energie unseren Aufgaben nachzugehen.

Zum Hindernis für den Austausch mit anderen wird dear Wunsch, nichts sehen, hören, spüren und wissen zu wollen, erst, wenn er sich zu einer starken Neigung entwickelt oder zu einer grundsätzlichen Haltung dem Leben gegenüber verfestigt. Dann fangen wir an, uns von der Welt und unseren Mitmenschen abzuschotten. Deren Belange und Gefühle berühren uns nicht mehr und unser Mitgefühl kann nicht fließen. Wir stellen uns taub, stumm und blind wie die berühmten drei Affen.

Im Extremfall kann diese Haltung so weit gehen, dass wir nur noch das sehen wollen, was unmittelbar vor unserer Nase liegt. Wir sind dann völlig auf uns selbst bezogen und ausschließlich damit beschäftigt, unsere eigenen Bedürfnisse zu befriedigen.

Eine solche Selbstbezogenheit zählt in der buddhistischen Systematik zum Geistesgift der Verblendung – ein Begriff, mit dem sich Assoziationen wie »geblendet sein« und »blind sein« verbinden, und diese treffen auch ziemlich genau, worum es geht. Manchmal scheint uns die Sonne ins Gesicht, sodass wir geblendet sind und nicht richtig sehen können, was vor uns liegt. Beim Autofahren ist das gefährlich; aber auch für unsere gesamte Existenz: Wenn wir nicht erkennen, was um uns herum geschieht und wohin wir eigentlich steuern, bringt das uns selbst und andere in große Gefahr.

Wir sprachen bereits von den drei Kategorien angenehm, unangenehm und neutral, in die wir unwillkürlich alles einteilen, was uns begegnet. Gier stand in Verbindung zur Kategorie angenehm, Ablehnung bezog sich auf die Kategorie unangenehm, und Verblendung, das dritte Geistesgift, um das es in diesem Kapitel geht, steht in Verbindung mit der Kategorie neutral.

Das, was wir weder als angenehm noch als unangenehm einstufen, erscheint uns uninteressant und langweilig. Wir haben das Gefühl, es sei für uns nicht relevant. Es verspricht weder Lustgewinn, noch ist es unangenehm genug, um eine Abwehrreaktion hervorzurufen. Was als neutral bewertet wird, bringt weder Abwechslung noch Irritation. Wir meinen, es getrost ignorieren zu können, wir blenden es gleichsam aus und tun so, als wäre es gar nicht da. Solche Tendenzen sind das genaue Gegenteil von Offenheit und einer unvoreingenommenen Hinwendung zum Leben. Für Menschen, die uns nicht interessieren, ja die wir noch nicht einmal richtig wahrnehmen, werden wir kein Mitgefühl empfinden.

Das Geistesgift Verblendung umfasst ein ganzes Spektrum an Neigungen und Gewohnheiten. Unwissenheit, Dummheit, Verwirrung, Illusion und Täuschung, aber auch Gleichgültigkeit, Engstirnigkeit, Kurzsichtigkeit und Verbohrtheit gehören dazu.

Als Gegenmittel zur Verblendung dient alles, was uns hilft, unseren Blick zu weiten, unsere Aufmerksamkeit auszudehnen und unser Interesse an der Welt und an den anderen Menschen zu wecken. Nur wenn wir mit wachen Sinnen die Welt wahrnehmen, können wir unsere Beziehungen zu anderen erkennen und positiv gestalten.

Manchmal beißen wir uns an Kleinigkeiten fest oder machen aus einer Mücke einen Elefanten. Vielleicht kennen Sie das von sich selbst. Aus Genauigkeit erwächst zuweilen eine detailversessene, pingelige und engstirnige Haltung. Wenn unsere Mitmenschen dann einfach nicht einsehen wollen, wie wichtig uns bestimmte Einzelheiten sind, werden wir schnell mürrisch, starrköpfig und rechthaberisch. In so einem Augenblick hilft es, wenn wir es schaffen, uns zurückzulehnen und mit Gelassenheit und Humor darauf vertrauen, dass die Dinge sich schon fügen werden.

Humor und eine gewisse Selbstironie sind bei der Überwindung aller Hindernisse hilfreich, so auch hier. Denn es kommt vor, dass wir mit übertriebenem Ernst und Schwere an bestimmte Aufgaben herangehen und die Leichtigkeit des Seins, das Schöne und Erhabene aus den Augen verlieren. Visionen zu haben und sich für Neues begeistern zu können sind Impulse, die der Dumpfheit und Gleichgültigkeit entgegenwirken.

Verblendung kann sich auch als Täuschung und Irrglaube zeigen. Vermutlich haben Sie schon einmal Dinge gedacht wie: »Ich weiß ganz genau, dass das neue Geschäft in dieser Straße ist.« Oder Sie vermeinten zu wissen, dass die Jacke Ihrer Freundin rosa sei oder der neue Film kommende Woche im Kino anlaufe. Vielleicht waren Sie sich so sicher, dass sie darauf gewettet haben, nur um dann festzustellen, dass Sie sich getäuscht haben. Sie haben etwas verwechselt oder übersehen. Wenn Sie Ihren Irrtum erkennen und eingestehen, ist das kein Problem.

Schwieriger wird es, wenn mit der Täuschung Emotionen verknüpft sind. Wann waren Sie zuletzt enttäuscht von einem Menschen? Vielleicht haben Sie sich von einem Freund, einem Mitarbeiter oder einem Familienangehörigen mehr erhofft, als dieser in der Lage oder bereit war zu geben. Dann geschieht es leicht, dass wir die Schuld beim anderen suchen und übersehen, dass wir selbst durch falsche Einschätzungen und überzogene Erwartungen zu dieser Situation beigetragen haben.

Täuschung kann sich auch auf uns selbst beziehen. Sie könnten sich zum Beispiel einbilden, Sie hätten automatisch immer Recht, einfach deshalb, weil Sie eine Frau sind, weil Sie ein Mann sind, weil Sie so viel Lebenserfahrung besitzen, weil Sie der Chef oder die Chefin sind, weil Sie der Vater oder die Mutter sind, weil Sie jung sind, weil Sie alt sind – und so weiter. Auch hier sind jede Menge Emotionen mit der Täuschung verwoben, die sich zeigen, sobald jemand es wagt, unsere Annahme zu hinterfragen und uns zu widersprechen.

Manchmal bedeutet Verblendung auch, dass wir Dinge einfach nicht wissen oder wahrhaben wollen. Möglicherweise vermeiden Sie einen Arztbesuch, weil sie fürchten, dabei könnten unliebsame Wahrheiten über Ihren Gesundheitszustand an den Tag kommen.

Die tiefste innere Wahrheit, vor der wir nach buddhistischer Anschauung unsere Augen verschließen, ist die Nichtexistenz eines unabhängigen Ichs. Normalerweise erleben wir uns als ein fest gefügtes, genau definiertes, unabhängig und unveränderlich existierendes »Ich«. In den buddhistischen Lehren wird diese Annahme genauer unter die Lupe genommen. Durch Analyse macht man sich auf die Suche nach dem Ich. Fragen Sie sich selbst: »Bin ich mein Körper?« »Bin ich meine Gedanken?« »Bin ich meine Gefühle?« Können Sie irgendwo ein beständiges, klar definiertes Ich finden?

Nach buddhistischer Anschauung ist der Glaube an ein solches Ich eine Täuschung. Alles, was wir erfahren, sind Wahrnehmungen der fünf Sinne, ein endloser Strom von vorübergehenden, wechselseitig verbundenen körperlichen und geistigen Zuständen, aber es gibt niemanden, dem dies alles gehören würde, der das »Ich« hinter den Erfahrungen wäre.

In dem irrigen Glauben, wir besäßen ein beständiges Ich, verharren wir nach buddhistischer Sicht schon seit unzähligen Leben, also sehr, sehr lange. Der Grund dafür, dass wir dieser Wahrheit des Nicht-Ich nicht ins Auge schauen wollen, ist Angst. Wir befürchten, dass wir ohne das Festklammern an ein Ich nicht existieren könnten. Deshalb tun wir alles, um diese Illusion weiter aufrechtzuerhalten.

Mit dem Festklammern an die Idee eines Ichs gehen Tendenzen einher, die viele Leiden für uns selbst und andere verursachen. Wir meinen, unser Ich schützen und verteidigen, nähren und pflegen zu müssen. Aus dieser ichbezogenen Haltung heraus kann man sich kaum um das Wohl der anderen kümmern. Dementsprechend spricht man im Buddhismus von der »grundlegenden Unwissenheit«, durch die man sich vor diesen tiefen Wahrheiten verschließt und sich im Zustand der Selbsttäuschung einrichtet.

Verblendung führt dazu, dass wir nur in eng definierten Bahnen denken und handeln. Wir missverstehen, was in uns und um uns herum geschieht, und können nicht richtig auf unsere Umwelt reagieren. Es ist so, als würden wir ein winziges Spielfeld abstecken auf einer unendlich großen Fläche und dann behaupten, wir könnten uns nur innerhalb dieses Spielfeldes aufhalten. In Wirklichkeit gibt es aber sehr viel mehr Platz.

Wie die anderen Geistesgifte hat auch die Verblendung einen, wenn auch verzerrten, positiven Aspekt, der sich bei richtigem Üben als Buddha-Weisheit offenbart. In diesem Fall ist es die »Dharmadhatu-Weisheit«, die Weisheit vom unermesslichen, grenzenlosen Raum, in dem alle Dinge wie bloße Illusion erscheinen. Sie drückt sich als hellwache Offenheit aus, als klare, ruhige, friedvolle und heitere Gelassenheit. Schritte in ihre Richtung können wir gehen, indem wir offen für alles sind, was uns begeistert, uns über den eigenen Tellerrand hinausschauen lässt und schließlich unseren geistigen Horizont erweitert.

Den fünften Schritt gehen

Beginnen Sie wieder damit, sich auf Ihren Atem auszurichten. Spüren Sie, wie er kommt und geht. Nichts anderes ist im Moment wichtig. Genießen Sie den Atemfluss. Lassen Sie sich Zeit. Lesen Sie dann die folgenden Fragen. Warten Sie, bis Antworten in Ihnen aufsteigen. Es hat keine Eile.

Zum Nachsinnen

Haben Sie sich in letzter Zeit in der Einschätzung von bestimmten Situationen oder einer konkreten Person getäuscht? Wenn ja, wie ist es dazu gekommen? Welche Eindrücke oder Wahrnehmungen haben Sie eventuell falsch interpretiert? Welche voreiligen Schlüsse haben Sie daraus gezogen? Wie ist es dazu gekommen, dass Sie die Täuschung durchschaut haben? Und wie haben Sie sich dabei gefühlt? Was können Sie aus dieser Erfahrung lernen? Machen Sie sich Notizen mit Ihren Ideen.

*

Gibt es in Ihrem Leben Wahrheiten, denen Sie lieber nicht ins Auge blicken möchten? Könnte es sein, dass Sie etwas ganz Wichtiges außer Acht lassen, zum Beispiel Ihre Gesundheit, Ihre Kreativität, Ihre Selbstachtung?

Achten Sie in den nächsten Tagen auf Folgendes

Achten Sie darauf, wie Sie Blicke oder Bemerkungen anderer Menschen interpretieren. Bedenken Sie, dass diese vielleicht ganz anders gemeint sein könnten, als Sie glauben.

*

Versuchen Sie, der Denklogik anderer Personen zu folgen, beispielsweise bei einer Talkshow. Gelingt Ihnen das?

*

Achten Sie darauf, wie Sie reagieren, wenn etwas Neues auf Sie zukommt. Was stellen Sie fest? Ist da eventuell ein gewisser Unwille, eine Ablehnung oder gar Panik? Oder heißen Sie Neuerungen stets willkommen?

Anregungen zum Handeln

Öffnen Sie sich für die Verbundenheit mit anderen. Erzählen Sie ein bisschen mehr von sich und zeigen Sie Interesse an dem, was anderen wichtig ist. Lassen Sie sich begeistern.

*

Verlassen Sie gelegentlich Ihre gewohnten Gleise und brechen Sie aus Ihrer Routine aus. Machen Sie die Nacht zum Tag, tun Sie etwas Verrücktes, probieren Sie etwas Neues aus, hören Sie unbekannte Musik, verabreden Sie sich mit neuen Menschen, wagen Sie einen anderen Kleidungsstil, lernen Sie eine Fremdsprache. Öffnen Sie sich für die Schönheit und Magie im Leben.

Wünsche und Vorsätze

Drücken Sie nun Wünsche aus, die mit einer Öffnung für Menschen und für neue Situationen zu tun haben. Hier einige Anregungen:

Möge ich mich für neue Aspekte des Lebens öffnen.
Möge ich freudvoll und heiter durchs Leben schreiten.
Möge ich lernen, die Lebewesen zu verstehen.
Möge ich erkennen, was die anderen brauchen.

Formulieren Sie auch Wünsche für andere Wesen:

Mögen alle Wesen ihre ursprüngliche Intelligenz entfalten können.
Mögen alle Wesen frei sein von Engstirnigkeit und Dumpfheit.

Formulieren Sie das, was Ihnen besonders am Herzen liegt, und schreiben Sie es in Ihr Wunschbuch. Lesen Sie es sich selbst jeden Tag laut vor. Fassen Sie auch wieder einen konkreten Vorsatz:

Ich nehme mir vor, im Bereich ....
(ein konkretes Feld) mehr Neues zuzulassen.
Ich nehme mir vor, im Zusammenleben mit
.. (eine Person) offener zu sein.

Schreiben Sie diese Vorsätze auf und lesen Sie sich diese in den nächsten Tagen immer wieder laut vor.

6. Schritt

Neid überwinden

»Geteilte Freude ist doppelte Freude«, heißt es im Sprichwort. Bei genauerem Hinsehen müssen wir allerdings zugeben, dass es nicht immer einfach ist, die Freude anderer zu teilen. Ganz schnell vergleichen wir die Situation der anderen mit der unsrigen und sind dann oft unzufrieden: Wir möchten auch das Glück haben, das sie erleben. Anstatt uns einfach mit ihnen zu freuen und dadurch an ihrem Glück teilzuhaben, hegen wir einen Groll gegen sie oder gegen das Schicksal und fragen uns: »Warum erlebt der andere dieses Glück und ich nicht?« »Warum gelingt mir meine Arbeit nicht so gut?« »Warum werde ich nicht reich und berühmt oder zumindest befördert?« »Warum finde ich nicht so eine wunderbare Frau oder einen so wunderbaren Mann?« »Warum gewinne nicht ich den Hauptgewinn in der Lotterie, sondern diese andere Person?«

Neid, Missgunst und Eifersucht verhindern, dass wir uns am Glück anderer erfreuen. Unser Herz wird eng, wir fühlen nicht, was die anderen empfinden, und die Erfahrung von Mitfreude wird unmöglich.

Warum fällt es uns aber so schwer, die Freude anderer zu teilen? Zwei Faktoren kommen hier zusammen. Da ist zum einen das Gefühl des Getrennt-Seins. Wir erleben uns als isolierte Individuen und können deshalb am Glück der anderen nicht teilhaben. Um uns wirklich mit ihnen zu freuen, müsste eine bestimmte Schranke in uns fallen, die Schranke der Verschiedenheit. Mit dieser Tendenz der Abgrenzung haben wir uns schon in den ersten beiden Schritten des Übungsteils beschäftigt, als es darum ging, alle Menschen als gleichwertig zu erkennen.

Zum anderen hegen wir die halb bewusste Ansicht, es gäbe nur eine begrenzte Menge an Glück auf der Welt: »Wenn andere so viel Glück abbekommen, was bleibt davon dann noch für mich übrig?« Auch diese Haltung kennen wir schon, es ist unser Gefühl des Mangels, das uns auf solche Gedanken bringt. Aber erinnern Sie sich: Freude, Liebe, Mitgefühl, Glück und Weisheit sind im Universum und in jedem Wesen in unendlicher Fülle und in unerschöpflicher Weise vorhanden. Wir brauchen also keine Sorge haben, deshalb kein Glück abzukriegen, weil andere es uns sozusagen vor der Nase wegschnappen würden.

Wie schon bei unserer Untersuchung der Gier, spielt auch hier unser Gefühl, nicht zu genügen, mangelhaft zu sein, eine Rolle. Wir haben oft das Gefühl, wir bräuchten eine Zugabe von außen, erst dann wären wir vollständig. Wenn nun andere diese »Extraportion« bekommen, wir aber nicht, fühlen wir uns benachteiligt und können weder Mitfreude noch Mitgefühl entwickeln. Unter Umständen empfinden wir unseren Mangel sogar noch intensiver.

Das Gefühl des Mangels und der eigenen Mangelhaftigkeit wird in Gestalt der Eifersucht besonders deutlich: Freundschaft oder Liebe, die wir bisher empfangen haben, wird uns nun entzogen und einem anderen geschenkt. Uns da für das neue Liebes- oder Freundespaar zu freuen scheint ein Ding der Unmöglichkeit. Wir sind tief getroffen und ganz gefangen von Gefühlen des Verletztseins. Verzweiflung, Kummer und Wut treiben uns um.

Selten fällt uns auf, dass all diese leidvollen Emotionen erst dadurch möglich werden, dass wir uns völlig auf uns selbst fixieren. Alles dreht sich um uns: Unsere Gedanken und Gefühle kreisen einzig darum, wie *wir* uns fühlen, was die anderen *uns* angetan haben und was *wir* erleiden müssen.

Noch extremer wird diese Tendenz, wenn wir das Gefühl haben,

71

uns in einer ständigen Konkurrenz zu unseren Mitmenschen zu befinden. Aus Furcht vor Misserfolg treiben wir uns dann unaufhörlich zu neuen Höchstleistungen an. Alles, was wir tun, vergleichen wir mit eigenen Leistungen aus früherer Zeit und mit den Leistungen der anderen. Überall wittern wir Konkurrenten und Rivalen, auf Kritik reagieren wir empfindlich und stehen pausenlos unter Strom, sind voller Misstrauen und jederzeit bereit zu kämpfen. Dies ist eine Form von Paranoia, die uns von unserer Umwelt isoliert. Mitfreude und Mitgefühl sind in diesem Zustand unmöglich.

Was können wir tun, um solchen Tendenzen entgegenzuwirken? Vor allem müssen wir den Fokus ändern. Anstatt ausschließlich auf uns zu blicken, sollten wir uns auf das Wohlergehen der anderen ausrichten. Wenn sie glücklich sind, sind wir es auch. Wenn sie Kummer haben, spüren wir das wie unseren eigenen und versuchen, entsprechend zu trösten und zu helfen.

Ein wichtiger Schritt in diese Richtung besteht darin aufzuhören, uns ständig mit anderen zu messen und zu vergleichen, und ganz einfach in das Glück der anderen einzutauchen. Auch sollten wir uns darin üben, Freude zu kultivieren. Wir können hier viel von Menschen lernen, die selbst großes Leid erfahren haben, und die davon berichten, wie sie sich bewusst dafür entschieden haben, sich über die kleinen Dinge des Lebens zu freuen, anstatt völlig zu verhärten und abzustumpfen. Indem wir üben, uns über scheinbar kleine Dinge zu freuen – über ein Lächeln, einen Sonnenstrahl, das tiefe Einatmen von frischer Luft –, fördern wir in uns eine Haltung der Wertschätzung für das Schöne und Positive. Wir nehmen den Moment bewusster wahr und lernen, dass uns auch Dinge, die uns nicht gehören, Augenblicke des Glücks bringen können. Von dort ist der Schritt, sich über das Glück anderer zu freuen, vielleicht gar nicht mehr so groß.

Im Neid und insbesondere in der Paranoia steckt jede Menge Energie. Unser andauerndes misstrauisches Beobachten der anderen, das ständige Messen, Vergleichen, Abwägen und die Bereitschaft zu kämpfen, bindet viele Kräfte, die wir sinnvoll zum Wohle der Allgemeinheit nutzen könnten. Entsprechend geht man im Buddhismus davon aus, dass die im Geistesgift Neid enthaltene Energie in eine der fünf Buddha-Weisheiten, in die »alles vollendende Weisheit«, transformiert werden kann. Sie setzt ihre ganze Kraft und Dynamik dafür ein, alle Handlungen furchtlos, entschieden und ohne zu zögern zum Wohle der Wesen durchzuführen. Wir könnten uns dieser Qualität annähern, indem wir in unserem Handeln möglichst klar und entschieden sind und Aufgaben, die wir begonnen haben, kraftvoll zu Ende bringen.

Den sechsten Schritt gehen

Nun folgt wieder Ihre Zeit zum Nachsinnen. Machen Sie eine Pause. Gönnen Sie sich einige Minuten, in denen Sie einfach atmen. Genießen Sie Ihren Atem. Es reicht zu spüren, wie er ein- und ausströmt. Mehr gibt es nicht zu tun.

Folgen Sie dann den Fragen. Pausieren Sie nach jeder Frage, ohne nach einer Antwort zu suchen. Vielleicht kommen gar keine Antworten, auch das ist in Ordnung.

Zum Nachsinnen

Ist es Ihnen in der Vergangenheit immer gelungen, sich mit anderen mitzufreuen? Wenn es schwierig war, wie hat sich das angefühlt? Warum war es so schwer? In welchen Bereichen fällt es Ihnen leicht, sich mit anderen zu freuen? Wo ist es schwieriger?

*

Welche Dinge sind Ihrer Meinung nach im Leben wirklich wichtig? Glück, Liebe, Freude – was noch? Gehören diese Dinge jemandem?

*

Erinnern Sie sich daran, dass Sie glücklich sein dürfen: hier und jetzt, so wie Sie im Moment gerade sind. Wer sollte Sie daran hindern?

*

Sind Sie oft damit beschäftigt, Ihre eigene Situation mit der von anderen Personen zu vergleichen? Wenn ja, warum? Fragen Sie sich, ob das wirklich nötig ist.

*

Empfinden Sie Eifersucht, wenn Freunde oder geliebte Personen sich auch einmal anderen zuwenden und ihnen Aufmerksamkeit schenken? Wie fühlen Sie sich, wenn Sie nicht immer die wichtigste Person für Ihren Partner / Ihre Partnerin sind?

*

Haben Sie manchmal das Gefühl, für alles verantwortlich zu sein? Neigen Sie mehr als andere dazu, Verantwortung zu übernehmen und festzuhalten oder sich über Ihre Verantwortungsbereiche zu definieren? Wenn ja, überlegen Sie, ob Sie nicht gelegentlich einen Verantwortungsbereich abgeben können.

*

Gibt es Menschen, denen Sie misstrauen? Wenn ja, warum? Überlegen

Sie, ob Sie die Lage wirklich richtig einschätzen oder Ihr Misstrauen möglicherweise nicht gerechtfertigt oder übertrieben ist.

Achten Sie in den nächsten Tagen auf Folgendes

Wenn Sie schöne Dinge sehen, wie einen eleganten Anzug, ein luxuriöses Auto, erlesenes Geschirr, erfreuen Sie sich daran in eben dem Augenblick, in dem Sie es wahrnehmen. Versuchen Sie, Gedanken, wer diese Dinge besitzt oder besitzen könnte, beiseite zu lassen.

Achten Sie in der nächsten Zeit darauf, wann und wo Sie Schwierigkeiten haben, anderen etwas zu gönnen – einen beruflichen Erfolg, privates Glück, Reichtum, Anerkennung in jeder Form. Wo in Ihrem Körper spüren Sie den Neid oder die Missgunst? Und wie fühlt sich das genau an? Versuchen Sie dann, diese innere Verkrampfung und Fixierung loszulassen. Spüren Sie Ihren Atem und öffnen Sie Ihre Wahrnehmung für Ihre Umgebung, das Zimmer, den Himmel, die Wolken.

Anregungen zum Handeln

Sagen Sie öfter einmal den Satz »Das freut mich für dich«, wenn Ihnen ein Freund oder eine Freundin über eine gelungene Aufgabe, einen gebuchten Urlaub, eine neue Beziehung erzählt. Beginnen Sie mit Situationen, die Ihnen leicht fallen.

Genießen Sie das, was Sie haben, in vollen Zügen: Ihr Mittagessen, einen sonnigen Nachmittag, schöne Musik und verbinden Sie es mit dem Wunsch, dass alle Wesen solche Freuden erleben mögen.

75

Wünsche und Vorsätze

Mit folgenden Wünschen können Sie dem Neid entgegen steuern:

Möge es mir gelingen, mich am Glück anderer zu erfreuen.
Möge ich Neid überwinden.
Mögen alle Wesen glücklich sein.

Finden Sie wieder Ihre eigenen Formulierungen für einen Wunsch und notieren Sie ihn in Ihr Wunschbuch. Fassen Sie auch einen konkreten Vorsatz:

Ich nehme mir vor, ... (eine bestimmte Person)
sein/ihr Glück zu gönnen.

7. Schritt

Stolz hinter uns lassen

Wir alle hören gerne Komplimente. Das tut uns gut, gibt uns Kraft und Schwung. Oder lassen Sie sich nicht auch gerne sagen, wie geschickt, intelligent, schön, mutig und stark Sie sind? Manchmal allerdings genießen wir diese Momente der Anerkennung länger, als es uns gut tut. Dann schwelgen wir in Eitelkeit und daraus wird leicht Überheblichkeit. Wir meinen, grundsätzlich besser zu sein als andere, und entwickeln eine Haltung des Stolzes.

Für einen übertrieben stolzen Menschen ist es ganz selbstverständlich, dass er sich von den anderen unterscheidet. Diese Tendenz ist eng verknüpft mit der in den ersten beiden Schritten besprochenen Haltung, andere als grundsätzlich anders zu sehen. Im Fall des Stolzes sondern wir uns von der Menge ab, weil wir uns als etwas ganz Besonderes empfinden. Doch mit der Nase nach oben und ganz auf uns selbst fixiert, können wir kaum wahrnehmen, was um uns herum vorgeht und in welcher Not unsere Mitmenschen zuweilen sind. Deshalb ist Stolz ein Hindernis für Mitgefühl und gilt in den Lehren des Buddha als das fünfte Geistesgift.

Neben dem Stolz der Überlegenheit kennt man im Buddhismus noch zwei weitere Arten von Stolz: den Stolz der Gleichheit und den Stolz der Unterlegenheit. Der Stolz der Gleichheit drückt sich aus in Aussagen wie: »Ich bin genauso gut wie jeder andere«, oder: »Ich kann das genauso gut wie die anderen.« Es ist fast so, als würde man wie ein kleines Kind im Trotzalter mit dem Fuß aufstampfen und laut rufen: »Ich kann das alleine!« Auf keinen Fall aber möchte man übersehen werden.

Den Stolz der Unterlegenheit kann man im Westen recht häufig antreffen, besonders in spirituellen Kreisen. Man empfindet sich selbst als besonders unfähig, minderwertig, voller Neurosen und problematisch. Man suhlt sich in seinen Schwierigkeiten und gefällt sich darin zu beteuern, wie viele Hindernisse man doch habe und wie unmöglich es doch sei, dass man jemals irgendeinen Fortschritt erzielen könne. »Das schaffe ich nie!«, ist hier die Haltung. Man fühlt sich in seiner vermeintlichen Schlechtigkeit einzigartig. Auch dies ist letztlich ein Schrei nach Aufmerksamkeit: »Seht mich an, wie schlecht ich doch bin!«

Bei allen drei Arten des Stolzes geht es letztlich darum, sich selbst als etwas Besonderes darzustellen, als anders eben. Dies hat zur Folge, dass man gänzlich mit sich selbst beschäftigt ist und sich nur um sich selbst dreht. Man sorgt sich um die Wirkung, die man auf andere hat, und fordert deren Aufmerksamkeit. Sie sollen anerkennen, dass man »besonders gut«, »besonders gleichwertig« oder »besonders erbärmlich« ist.

Stolz ist also eine ichbezogene Haltung. Die anderen sind nur Publikum oder Statisten für die Inszenierung der eigenen Besonderheit. Wo sollte Mitgefühl hier Platz haben? Stolz behindert folglich das Fließen des Mitgefühls, weil er so sehr auf die eigene Person gerichtet ist, dass man die anderen gar nicht richtig sieht. Er schneidet das Mitempfinden für andere regelrecht ab.

Das soll aber nicht heißen, wir dürften uns nicht freuen, wenn uns eine Sache gut gelungen ist. Auch ist nichts gegen ein gesundes Selbstvertrauen und Selbstbewusstsein einzuwenden. Ganz im Gegenteil: Um effektiv zum Wohle der Wesen zu wirken, brauchen wir Vertrauen, dass uns die Kraft dafür innewohnt und wir wirklich in der Lage sind, unser ganzes menschliches Potenzial zur Entfaltung zu bringen. Wir dürfen uns über unsere Fähigkeiten und Kenntnisse im Klaren sein und diese freudig zum Wohle aller einsetzen. Niemand muss sein Licht unter den Scheffel stellen, mit falscher Bescheidenheit ist keinem gedient.

Es tut dem Mitempfinden auch keinen Abbruch, wenn Sie die Leistungen oder Errungenschaften Ihrer Familie, Ihrer Eltern oder Kinder, Ihrer lokalen Fußballmannschaft oder Ihres Landes wertschätzen und darauf – in einem vernünftigen Rahmen – stolz sind.

Stolz wird dann ein Hindernis für den freien Fluss des Mitgefühls, wenn er eine übermäßige Beschäftigung mit der eigenen Bezugsgruppe bedeutet und mit einer selbstverliebten Fixierung auf deren Fähigkeiten einhergeht. Wenn man von sich selbst so beeindruckt und begeistert ist, dass man die anderen gar nicht als gleichwertige und ernst zu nehmende Wesen mit eigenem Hintergrund und eigener Meinung wahrnimmt, dann ist auch kein Mitempfinden mit anderen möglich.

Stolz kann sich auch in der Tendenz ausdrücken, das eigene Territorium auszudehnen, sodass man das Gebiet anderer übernimmt. Es findet eine Art Invasion statt. Vielleicht haben Sie solche Tendenzen auch schon an sich selbst wahrgenommen, wenn Sie zum Beispiel anderen gute Ratschläge geben wollen. Auch als Gastgeber fallen wir leicht in eine solche Rolle und müssen uns fragen: »Wo ist die Grenze zwischen einem höflichen Anbieten von Speisen und Getränken und wo dränge ich meinen Gästen ständig zu viel auf?

Es geschieht leicht, dass wir die Grenzen anderer nicht respektieren und sie, vielleicht in bester Absicht, mit Geschenken, guten Ratschlägen, unseren Ideen und Plänen überhäufen und überschwemmen. Sicher kennen Sie selbst solche Situationen.

Diese Art des Stolzes und der Arroganz kann man auch zwischen Staaten beobachten. Grenzverletzungen und Invasionen werden oft mit der »Hilfsbedürftigkeit« oder zur Zeit des Kolonialismus noch

ganz ungeniert mit der »Unterlegenheit« der anderen Nation gerechtfertigt. Häufig geht es dabei um wirtschaftliche Interessen und Macht-
politik. Aber es wird auch immer eine Haltung gepflegt, die die vermeintliche kulturelle, politische oder ethische Überlegenheit der
Invasoren belegen soll. Dies ist in Wirklichkeit ein Ausdruck purer Arroganz, Ignoranz und Aggression. Die Invasoren treten mit dem Anspruch auf, die eigene, als überlegen betrachtete Kultur oder Staats-
form dem besetzten, angeblich unzivilisierten oder rückständigen
Land gleichsam als »Geschenk« mitzubringen und erwarten dann auch
noch ewige Dankbarkeit für diesen so genannten »Akt der Befreiung«
oder »Import der Zivilisation«.

Manchmal sind wir stolz auf unser intellektuelles Wissen oder unsere scheinbaren spirituellen Fertigkeiten, die wir dann horten und zu
bewahren versuchen. Wir fühlen uns anderen überlegen, weil wir mehr
gelesen haben, mehr wissen oder viele Meditations- und Entspan-
nungstechniken kennen. Möglicherweise meinen wir auch, spirituell
viel weiter fortgeschritten zu sein als andere. Der bekannte tibetische
Lehrer Chögyam Trungpa Rinpoche, der viele Jahre seines Lebens im
Westen verbrachte, nannte diese Tendenz »spirituellen Materialismus«
(siehe Leseempfehlungen). Spirituelle Ziele dienen dann nur noch
dazu, die eigene Besonderheit hervorzuheben und zu pflegen. Wenn
wir uns in einer solchen Situation wiederfinden, mag es hilfreich sein,
uns daran zu erinnern, dass es auf dem spirituellen Weg letztlich um
das Erwecken des Herzens geht. Und dieser Pfad des Herzens ist völlig
unabhängig von unserem intellektuellen Wissensstand oder von theo-
retischem Spezialistentum in irgendeiner spirituellen Tradition.

Wie bei den vier anderen Geistesgiften geht die buddhistische
Lehre auch in Bezug auf den Stolz davon aus, dass in ihm ein positi-
ver Kern steckt. In diesem Falle ist es die Fähigkeit des Wahrnehmens

und Schätzens von Qualitäten. Womit wir aber aufhören müssen, ist, diese Qualitäten zu bewerten und uns durch sie zu erhöhen. Wenn uns dies gelingt, kann der Stolz in die »Weisheit der Gleichheit« verwandelt werden. Dies bedeutet, dass wir in einer inneren Haltung des Gleichmuts verweilen, die alles, was auftaucht, als grundsätzlich gleich wahrnimmt, weil alles die gleiche grundlegende positive Natur teilt. Diese Haltung des Gleichmuts balanciert die Gegensätze von Zuneigung und Ablehnung, Freude und Schmerz aus. Mit einer solchen geistigen Haltung können wir diese Gegensätze akzeptieren und als Teil der Gesamtheit unserer Erfahrungen wertschätzen, ohne dass sie uns emotional aus der Bahn werfen.

Was unsere Wahrnehmung von äußeren Eindrücken angeht, so drückt sich die Weisheit der Gleichheit dadurch aus, dass wir alles gleichermaßen schätzen und es nicht in gut und schlecht einteilen. Alles wird als gleich gut wahrgenommen, aber nicht als etwas, das man horten müsste. Die Weisheit der Gleichheit ist daher stets mit Großzügigkeit und Großmut gepaart.

Wir können uns in diese Richtung bewegen, indem wir Menschen und Situationen als ein weites Spektrum von Eigenschaften betrachten, die alle ihren Wert und ihre Berechtigung haben. Wir sollten damit aufhören, uns selbst oder andere mit Einzelaspekten, die gelegentlich in den Vordergrund rücken, zu identifizieren und daraus Bewertungen unserer selbst und anderer abzuleiten.

Den siebten Schritt gehen

Nun ist es wieder an der Zeit, das eben Gelesene zu verdauen. Sorgen Sie dafür, dass Sie ungestört sind. Machen Sie es sich bequem und achten Sie auf Ihren Atem. Spüren Sie einfach, wie Sie ein- und ausatmen. Lassen Sie sich dafür einige Minuten Zeit. Folgen Sie dann den Anregungen zum Nachsinnen. Lassen Sie die Fragen wieder auf sich wirken, ohne Antworten zu erwarten.

Zum Nachsinnen

Auf welche Ihrer Eigenschaften, Kenntnisse und Fähigkeiten sind Sie stolz? Könnte es sein, dass Sie manchmal zu sehr von sich und Ihrer Meinung eingenommen sind? Gibt es Menschen, die Sie nicht richtig ernst nehmen? Glauben Sie, Sie müssten bestimmten Menschen den Weg weisen und Ihnen sagen, was sie zu tun haben? Bei welchen Personen und in welchen Situationen kommt das vor? Könnten Sie sich auch ein anderes Verhalten Ihrerseits vorstellen?

*

Machen Sie sich bewusst, dass Sie Ihr eigenes Tempo haben, um Dinge zu verstehen, umzusetzen und anzuwenden. In welchen Bereichen sind Sie schnell, in welchen eher langsam? Bedenken Sie, dass auch andere Menschen ihr jeweils eigenes Tempo, ihren eigenen Rhythmus und ihre eigenen Strategien in Bezug auf die Bewältigung von Aufgaben haben. Vielleicht kann daraus ein Vorsatz erwachsen, Ihren Mitmenschen diese Zeit und diesen Freiraum zu gewähren.

Mit Situationen üben

Versuchen Sie, in den nächsten Tagen darauf zu achten, wo in Ihnen Aspekte des Stolzes auftauchen. Vielleicht geht Ihnen inmitten des Gesprächs blitzschnell der Gedanke durch den Kopf, dass Ihr Gegenüber doch ein bisschen dumm, ungehobelt und unzivilisiert ist. Oder Sie meinen zu durchschauen, welche Absichten der andere hat, und glauben, er versuche sehr ungeschickt, diese umzusetzen. Es könnte auch sein, dass das, was andere tun, Ihnen trivial, unbedeutend und ungenügend erscheint. Bemerken Sie solche Einschätzungen und Gedanken einfach. Verschließen Sie Ihre Augen nicht davor. Sie können sich sagen: »Aha, das ist also auch da. So etwas gibt es tatsächlich in mir.«

*

Was geschieht in Situationen, in denen Sie von anderen arrogant, gönnerhaft oder herabsetzend behandelt werden? Was löst das in Ihnen aus – Aggression, Unsicherheit, Angst, Verachtung? Beobachten Sie Ihre Emotionen und versuchen Sie, sich in der akuten Situation neutral und freundlich zu verhalten. Bedenken Sie später in einer ruhigen Minute, dass Sie keine Maschine sind und jederzeit anders reagieren können als bisher. Vielleicht könnten Sie über arrogantes Verhalten Ihrer Mitmenschen einfach nachsichtig lächeln.

Anregungen zum Handeln

Achten Sie in Ihrer Familie, am Arbeitsplatz und im Umgang mit Freunden besonders darauf, dass jeder das gleiche Recht hat, seine Meinung und Bedürfnisse zu äußern. Nehmen Sie andere ernst und berücksichtigen Sie ihre Belange.

Scheuen Sie sich nicht zu fragen, wenn Sie etwas nicht wissen, verstehen oder können, etwa die Bedeutung eines Fremdworts, einen politischen oder wirtschaftlichen Zusammenhang oder wie man ein technisches Gerät bedient. Bitten Sie andere um Hilfe, lassen Sie sich helfen, und bedanken Sie sich danach freundlich.

Wünsche und Vorsätze

Möge ich das Positive in anderen wertschätzen.
Möge ich die Gleichheit aller Lebewesen erkennen.
Möge ich mich von arrogantem Verhalten anderer nicht provozieren lassen.
Mögen alle Wesen das Positive in anderen erkennen.

Wie lautet Ihr persönlicher Wunsch in diesem Zusammenhang? Bitte notieren Sie ihn in Ihr Wunschbuch. Und wie lautet Ihr konkreter Vorsatz für die nächste Zeit? Hier ein Vorschlag:

Ich nehme mir vor, im Umgang mit ....
(eine bestimmte Person) besonders darauf zu achten, ihn/sie in seiner/ihrer Besonderheit wahrzunehmen und ihm/ihr genügend Freiraum zu geben.

8. Schritt

Hartherzigkeit aufweichen

Wir haben nun die Beschäftigung mit den fünf grundlegenden Geistesgiften hinter uns. Wenn es uns wirklich gelänge, sie ganz zu überwinden, hätten wir unser Herz völlig erweckt und Mitgefühl könnte ungehindert fließen. Die Realität ist aber meistens so, dass wir nur kleine Schritte machen können und weitere Ermutigung und Inspiration brauchen. Deshalb werden in den nächsten Kapiteln zusätzliche Aspekte aufgezeigt, die uns auf unserem Weg unterstützen können.

Wo entstehen Mitgefühl, Mitempfinden und Mitfreude? Kommen sie aus dem Verstand oder aus dem Herzen? Zwar liegen die Hindernisse für unser Mitgefühl oft in falschen Anschauungen und das Auflösen der Blockaden ist mit Denkarbeit und dem Einüben neuer Verhaltensweisen verbunden, aber sind die Hemmnisse erst einmal beseitigt, fließt das Mitgefühl nicht etwa aus dem Denken, sondern aus dem Herzen.

Deshalb wollen wir uns nun unserem Herzen zuwenden. Wie fühlt sich Ihr Herz an? Ist es weich oder hart, offen oder verschlossen? Versuchen Sie, Ihr Herz wieder stärker wahrnehmen. Damit ist durchaus Ihr leibliches Herz gemeint. Denn es reagiert unmittelbar auf das Auf und Ab Ihrer emotionalen Verfassung. Unser Herz schlägt beispielsweise schneller, »bis zum Hals«, wenn wir aufgeregt sind. Erschrecken wir, scheint unser Herz stehen zu bleiben und wir legen unwillkürlich die Hand auf unser Herz – so als müssten wir es schützen oder festhalten. Das Herz kann vor Freude springen, es kann auch schwer werden oder sich verkrampfen, wenn uns eine traurige Nachricht erreicht. Kummer und Schmerz, »Herzeleid« also, kann tatsächlich zu physischen Herzschmerzen führen.

Mit dem Herzen verbinden wir aber auch noch andere Assoziationen. Wer mutig ist, nimmt das Herz in beide Hände, wer nur halb bei der Sache ist, tut sie nur halbherzig. Aufrichtigkeit wird dadurch demonstriert, dass man die Hand aufs Herz legt. Das Herz hat also auch eine Verbindung zu Mut, einsgerichteter Hinwendung oder klarem Entschluss und zu Ehrlichkeit. Dieser Aspekt der zielgerichteten Entschlusskraft kam bereits im ersten Teil im Abschnitt über die Bedeutung des Wünschens zur Sprache. Etwas aus tiefstem Herzen zu wünschen hat eine andere Qualität als ein halbherziger Vorsatz, an den man ohnehin nicht so richtig glaubt.

Wir tun gut daran, uns um unser Herz zu kümmern, zu unserem eigenen Wohle und zum Nutzen der anderen. Denn im Herzen wissen wir oft viel besser Bescheid über Situationen, Vorgänge und Interaktionen mit anderen Wesen, als uns das im Denken möglich ist. Mit dem Herzen »sieht« man oft besser als mit den Augen.

Doch wir alle sind manchmal hartherzig. Dann errichten wir gleichsam einen Schutzwall vor der Tür des Herzens, die wir eilig zugeworfen und verriegelt haben. Der andere Mensch oder die Situation soll auf keinen Fall in unser Innerstes vordringen. Wir blocken ab, sind abweisend und verschlossen. Damit versuchen wir zu vermeiden, etwas vermeintlich Unangenehmes wie Erregung, Angst, Schmerz, Aggression oder Wut zu fühlen.

Zu einem Dauerzustand kann Hartherzigkeit werden, wenn wir zu übertriebener Strenge oder Disziplin neigen. Vielleicht werden wir durch äußere Umstände gezwungen, hart zu arbeiten, oder wir verlangen uns selbst zu viel ab an Leistung, Arbeit, Anstrengung oder Geradlinigkeit. Empfindungen wie Müdigkeit, Verletztheit und Schwäche unterdrücken wir dann. Das kann im Extremfall zu Gefühllosigkeit führen, bei der unsere Gefühle, besonders Liebe und Mitgefühl, eingesperrt oder eingefroren werden. Wenn wir die eigenen Gefühle nicht zulassen, haben wir auch keine Möglichkeit, die Gefühle der anderen zu spüren. Dann kann nichts mehr fließen, alles ist starr, hart, leblos und gefühllos – das Herz ist aus Stein oder Eis, hart und kalt. Wir entwickeln ein Haltung von: »Mir hat auch keiner etwas geschenkt. Ich musste mir auch alles alleine erarbeiten. Warum soll es da den anderen besser gehen?« Mit dieser Haltung rechtfertigen wir die Kälte gegenüber den anderen und lassen sie ins offene Messer laufen. In unserem Herzen brechen wir den Kontakt zu den anderen ab, kappen die Leinen, durchschneiden die Netze, die uns in vielfältiger und oft filigraner Weise miteinander verbinden, und schaden damit vor allem uns selbst. Wir werden einsam, verbittert und unzufrieden, denn wir sind Teil des lebendigen Universums, und jeder Versuch, uns herauszutrennen, kommt einer Selbstverstümmelung gleich. Als soziale Wesen brauchen wir einander. Erst im freundlichen und freien Miteinander ist der Fluss des Lebens wirklich spürbar.

Unser Herz kann sich auch verhärten, wenn wir sehr viel Leid, Kummer, Schmerz, Gewalt, Angst und Ungerechtigkeit ertragen müssen. Um uns selbst zu schützen, um nicht emotional zu zerbrechen, legen wir uns einen Panzer, eine Rüstung oder eine dicke Schale zu. Wir werden eine harte Nuss, die schwer zu knacken ist.

Wenn wir unser innewohnendes Potenzial entfalten und wirklich leben wollen, ist es von zentraler Bedeutung, unsere Schalen und Schutzschichten abzulegen, auch wenn uns das Angst macht. Wir fühlen uns dann zwar ungeschützt und verletzlich, aber einen anderen Weg gibt es nicht. Als Lebewesen sind wir mit den Qualitäten von Feinfühligkeit und Empfindungsfähigkeit ausgestattet. Je mehr Blockaden wir abbauen, je mehr Hindernisse wir aus dem Weg räumen, desto intensiver wird unser Kontakt mit anderen Wesen. Unsere eigene Empfindsamkeit und das Mitempfinden für andere werden immer klarer in den Vordergrund treten.

Manchen Menschen, die sich mit Spiritualität befassen, fällt es schwer zu akzeptieren, dass die Entwicklung von Herzensqualitäten ein wesentlicher Teil des buddhistischen Weges, ja jedes spirituellen Weges, ist. Sie glauben vielleicht, dass es sich bloß um »gewöhnliche« Gefühle handeln könnte, die sie weiterhin an die »relative«, profane Welt ketten und davon abhalten, ihr »erhabenes« spirituelles Ziel zu erlangen. Womöglich befürchten sie auch, alles könnte zu sentimental, zu rührselig oder zu kitschig werden. Oder sie verfallen der Illusion, alles sei mit dem Verstand und durch logisches Denken zu regeln, auch die Erleuchtung. Aber das spirituelle Erwachen ist eine Befreiung des Geistes und des Herzens.

Die Lehre des Buddha spricht Herz und Verstand an. Dies drückt sich besonders eindringlich in dem aus dem Sanskrit stammenden zentralen buddhistischen Begriff »Bodhichitta« aus. »Bodhi« heißt Erwachen. »Chitta« muss man mit zwei Wörtern wiedergeben: Herz und Geist, denn mit diesem Begriff werden sowohl Qualitäten verbunden, die wir eher dem Verstand zuordnen, wie Weisheit, Weitsicht, Intelligenz, als auch Eigenschaften, die wir mit dem Herzen assoziieren, wie Liebe und Mitgefühl. Bodhichitta bedeutet also »erwachtes Herz und erwachter Geist«. Bodhichitta bezieht sich aber nicht nur auf das Resultat, sondern auch auf den Ausgangspunkt, die Motivation. Dann ist mit Bodhichitta unsere innere Haltung gemeint, aus der heraus wir agieren, ein Motiv, das das Wohl der anderen als Maxime hat. Unser Herz zu erwecken und den Weg des Mitgefühls zu beschreiten bedeutet nichts anderes als Bodhichitta zu entfalten.

Den achten Schritt gehen

Achten Sie zunächst darauf, wie Sie sitzen. Spüren Sie in Ihren Körper. Wie fühlt er sich an? Wo gibt es Verspannungen, wo tut etwas weh? Versuchen Sie, sich zu entspannen. Atmen Sie ein paar Mal tief aus. Richten Sie sich dann einfach auf Ihren Atemrhythmus aus. Spüren Sie, wie Sie einatmen und wieder ausatmen. Mehr brauchen Sie nicht zu tun. Lassen Sie sich Zeit. Lesen Sie dann die folgenden Fragen einzeln durch. Pausieren Sie bitte nach jeder Frage und lassen Sie sie auf sich wirken. Es ist nicht wichtig, dass sofort eine Antwort kommt. Sie können auch einfach denken: »Das weiß ich nicht.« Gönnen Sie sich den Raum, etwas nicht zu wissen.

Zum Nachsinnen

Wann haben Sie zuletzt Ihren Herzschlag bewusst wahrgenommen? Beim Sport, bei einer Aufregung, bei starken Gefühlen? Bei welchen Gelegenheiten ist Ihnen Ihr Herz schwer geworden, gleichsam »in die Hose gerutscht«? Spüren Sie Ihr Herz auch, wenn Sie fröhlich, unbeschwert und leichten Mutes sind? Wie fühlt sich Ihr Herz in solchen Situationen an?

*

Für welche Menschen können Sie Ihr Herz leicht öffnen? Mit welchen Menschen fühlen Sie eine »Herzensverwandtschaft«? Wen haben Sie in Ihr Herz geschlossen? Vor welchen Menschen verschließen Sie Ihr Herz? Warum tun Sie das? Sehen Sie eine andere Möglichkeit, zu fühlen oder zu handeln? Was tun Sie aus vollem Herzen, was nur halbherzig?

Achten Sie in den nächsten Tagen auf Folgendes

Wie verhält sich Ihr Herz bei Aufregung? Was geschieht mit Ihrem Herzschlag? Schlägt Ihr Herz anders, in einem anderen Rhythmus als normal? Wenn ja, wie kann es sich wieder beruhigen?

*

Wenn Sie Entscheidungen fällen müssen, achten Sie darauf, wie Sie das tun. Hören Sie bei Entscheidungen eher auf Ihren Verstand oder eher auf Ihr Herz?

Anregungen zum Handeln

Beschäftigen Sie sich mit der Symbolik des Herzens. Verschenken Sie etwas in Herzform: ein Schokoladenherz, einen Anhänger, einen Ring oder etwas Ähnliches als Ausdruck Ihrer Zuneigung. Legen Sie während des Tages öfter Ihre Hand auf Ihr Herz. Was fühlen Sie dabei?

Wünsche und Vorsätze

Welche Wünsche fallen Ihnen in Zusammenhang mit Ihrem Herzen ein? Hier einige Anregungen:

Möge es mir gelingen, mein Herz für alle Wesen zu öffnen.
Möge mein Herz wie die Sonne Wärme für alle Wesen ausstrahlen.
Möge ich alle Wesen in mein Herz schließen.
Mögen alle Wesen ihre Herzen für die Sorgen und Nöte ihrer Mitmenschen öffnen.

Schreiben Sie Ihre persönlichen Wünsche in Ihr Wunschbuch und notieren Sie einen konkreten Vorsatz nach folgendem Modell:

Ich nehme mir vor, in Bezug auf ....
(ein bestimmtes Thema, eine Sache) weniger hart zu sein.

Ich nehme mir vor, im Umgang mit ....
(ein bestimmter Mensch) mehr Herz zu zeigen.

9. Schritt

Angst besiegen

Haben Sie Angst davor, im Dunkeln nach Hause zu gehen? Oder haben Sie Angst vor Arbeitslosigkeit und Armut, Angst vor Spinnen, Angst davor, im Beruf zu versagen, oder Angst, die Zuneigung einer geliebten Person zu verlieren? Vielleicht haben Sie auch Angst, von einem Hund gebissen zu werden oder dass Ihnen einen Flugzeug auf den Kopf fällt.

Wir alle haben eine Menge Ängste, begründete und unbegründete, nachvollziehbare und völlig irrationale. Es ist eine Lebensaufgabe, mit unseren Ängsten vernünftig umzugehen und letztlich die Angst zu besiegen. In diesem Kapitel soll es um die Ängste gehen, die uns davon abhalten, im Umgang mit anderen Menschen freundlich, liebevoll und mitfühlend zu sein.

Als Erstes müssen wir anerkennen, dass Ängste da sind und zu unserem Leben gehören. Es würde wenig Sinn machen, unsere Ängste zu leugnen. In all unseren Übungen geht es darum, unsere Gefühle wahrzunehmen und zu lernen, vernünftig mit ihnen umzugehen.

Ängste, die uns daran hindern, uns für unsere Mitmenschen zu öffnen, erleben wir, wenn wir im Umgang mit anderen darauf bedacht sind, uns keine Blöße zu geben, unser Gesicht nicht zu verlieren und dementsprechend nach außen eine Maske aufsetzen. Angst davor, verletzt zu werden, hält uns oft davon ab, uns für andere zu öffnen. Das ist in bestimmten Situationen sicherlich ein gesunder Schutzmechanismus. Ein Hindernis werden solche Mechanismen immer dann, wenn sie zur festen Gewohnheit geworden sind und unabhängig von den jeweiligen Umständen starr und unverändert beibehalten werden.

Das sollten wir nicht zulassen, weil dieser Automatismus unser Mitgefühl und unsere Lebensfreude richtiggehend einkerkert.

Ein extremes Beispiel dafür, wie Angst das Mitgefühl blockieren kann, ist Massenpanik; wenn etwa bei einem Feuer jeder versucht, so schnell wie möglich den Gefahrenraum zu verlassen, ohne jegliche Rücksicht auf andere. Immer wieder werden Menschen dabei zu Tode getrampelt. Angst kann das Blickfeld einengen, sodass wir blind für unsere Umwelt werden. Wer in Panik gerät, kann nicht mehr klar denken.

Es kann nun natürlich nicht darum gehen, uns gedankenlos in jede Gefahrensituation zu stürzen, nur weil wir möglicherweise andere daraus retten könnten. Angst ist als Indikator für die Notwendigkeit, uns selbst zu schützen, durchaus wichtig. Was wir aber herausfinden sollten, ist, wann uns Angst im Umgang mit anderen unnötig behindert und den freien Fluss des Mitgefühls beeinträchtigt. Wir befinden uns dabei auf einer Gratwanderung: Wo gebe ich meiner Angst nach, weil ich mich selbst schützen muss und wo sind Bereiche, in denen es gilt, unbegründete Ängste abzuschütteln und mutig voranzuschreiten?

Manchmal können wir Angst gar nicht benennen oder greifen. Wir haben vielleicht nur ein mulmiges Gefühl oder merken, dass wir sehr viel über eine bestimmte Situation nachdenken, uns Sorgen machen und uns ausmalen, was alles Schlimmes passieren könnte. Dann sollten wir uns fragen: »Wovor habe ich eigentlich genau Angst?«

Wenn wir konkrete Ängste bemerken, könnten wir den Spieß umdrehen und die Angst benutzen, um uns selbst zu stärken. Wenn wir Angst vor einer Prüfung haben, kann uns das anspornen, uns gründlich darauf vorzubereiten. Steht ein schwieriges Gespräch an, so können wir uns vorher in Ruhe überlegen, worum es uns eigentlich geht und wie wir unsere Position darstellen können. Damit schauen wir der Angst ins Auge. Wir sind uns ihrer bewusst und machen das Beste da-

93

raus. Das wird die Angst nicht völlig auflösen, aber wir haben alles getan, was in unserer Macht steht. Mit diesem Bewusstsein können wir dann in die schwierige Situation gehen. Angst kann also zu einem Motor für unser Handeln umfunktioniert werden. Es ist nicht nötig, sich von Angst lähmen zu lassen.

Wenn Ängste allerdings so stark werden, dass sie Ihr ganzes Leben lenken, dann stimmt etwas nicht; wenn Sie es zum Beispiel vor lauter Angst nicht schaffen, zur Prüfung zu erscheinen, obwohl Sie sich gründlich vorbereitet haben, ist eine intensive Auseinandersetzung mit der Angst angebracht. Womöglich haben Sie sich überfordert und verlangen von sich selbst zu viel. Oder es könnte sein, dass die Angst tiefer sitzt und eine grundsätzliche Versagensangst in Ihnen schmort. Dann sollten Sie auf jeden Fall die Hilfe Dritter in Anspruch nehmen.

Wir alle haben Existenzängste, manchmal mehr, manchmal weniger: »Reicht das Geld? Kann ich nächsten Monat noch die Miete für die Wohnung oder die fällige Rate für die Abzahlung des Kredits aufbringen? Wovon werde ich leben, wenn ich alt bin?« Auch solche Ängste sollten wir nicht für uns behalten, sondern sie mit anderen besprechen und nach Lösungen suchen. Wichtig ist, Ängste weder beiseite zu schieben noch sich von ihnen überwältigen zu lassen.

Die buddhistische Lehre gibt uns eine nicht ganz einfache, aber sehr wirksame Anleitung, welche Haltung wir im Angesicht der Angst pflegen sollten: eine Haltung jenseits von Hoffnung und Furcht. Normalerweise verbringen wir, gerade wenn wir Probleme haben oder uns eine schwierige Entscheidung beziehungsweise Situation bevorsteht, sehr viel Zeit damit, uns auszumalen, was passieren könnte. Wir hegen Hoffnungen, stellen uns vor, wie schön alles werden könnte, oder verlieren uns in Befürchtungen und malen den Teufel an die Wand. Das ist Zeitverschwendung und Vergeudung unserer Kraft. Stattdessen, so rät uns die Lehre des Buddha, sollten wir uns darin üben, die Situation einfach auf uns zukommen zu lassen. Das heißt nicht, dass wir uns nicht vorbereiten sollten, etwa auf eine Prüfung. Selbstverständlich lernen wir, so gut wir es vermögen. Aber es kommt dann ein Punkt, an dem wir nichts mehr tun können. Wir haben getan, was uns möglich ist. Nun müssen wir loslassen und vertrauen, dass sich die Dinge schon richtig fügen werden. Hoffen und Bangen können wir sein lassen. Das hilft uns nicht weiter.

Haben Sie sich schon einmal vor Ihrer eigenen Angst erschrocken? Zu merken, dass man Angst hat, kann einem schnell den Boden unter den Füßen wegziehen.

Auch hier hilft uns der buddhistische Ansatz, der uns rät, alle Gefühle, Emotionen und Empfindungen einfach da sein zu lassen, ohne in irgendeiner Weise auf sie zu reagieren. Wir können lernen, dass Angst da sein darf, genau wie jedes andere Gefühl. In gewisser Weise kann man sogar mit der Angst Freundschaft schließen, denn sie ist fast so etwas wie unsere ständige Begleiterin. Wenn sie auftaucht, müssen wir also nicht in Panik geraten. Angst ist da und darf da sein. Wir können lernen, ihr in die Augen zu blicken und uns nicht einschüchtern zu lassen. Wie am Beispiel der bevorstehenden Prüfung illustriert, wo die Angst als Ansporn eingesetzt wird, um sich gründlich vorzubereiten, können wir im Grunde jede Angst, sobald wir uns ihrer bewusst werden, als Auslöser für eine bestimmte Haltung oder ein bestimmtes Verhalten verwenden. Sollten Sie zum Beispiel beim Autofahren ängstlich sein, vielleicht weil Sie vor kurzem einen Unfall hatten, dann benutzen Sie die Furcht als Auslöser für Aufmerksamkeit. Denken Sie jedes Mal, wenn Furcht auftaucht: »Ja, ich passe auf.«

Bei der Begegnung mit anderen Menschen, vor denen wir Angst haben, mag der Gedanke helfen, dass der andere sehr wahrscheinlich genauso viel Angst hat wie wir selbst. Es ist also nicht nötig, dass wir uns in unsere Angst einschließen. Auch wenn wir selbst Angst haben, können wir anderen helfen, über ihren Schatten zu springen.

Eine andere Ebene der Angst betrifft unsere Furcht vor schlimmen Unfällen, Naturkatastrophen, Terroranschlägen, Epidemien und Ähnlichem. Wir fürchten, in Umstände zu kommen, denen wir hilflos und schutzlos ausgeliefert sind. Gegen diese Furcht hilft nur, uns klar zu machen, dass wir niemals wirklich die Kontrolle über unser Leben haben und dass das Leben seinem Wesen nach vergänglich und zerbrechlich ist. Wir können zu jeder Zeit sterben. Es könnte uns jederzeit ein Flugzeug auf den Kopf fallen, egal wo wir sind und wie viele Versicherungen wir abgeschlossen haben.

Dies führt uns zu unserer Angst vor dem Tod. Wenn wir genau hinsehen, können wir erkennen, dass die Angst vor dem Tod sich in mehrere Aspekte aufsplitten lässt. Da ist unsere Angst vor Schmerzen, unsere Angst vor dem Loslassen, unsere Angst vor der Ungewissheit, was nach dem Tod kommt. Wir alle wollen leben, der Tod scheint unsere schlimmste Bedrohung. Ihn als Teil des Lebens zu akzeptieren und nicht als Feind, davon sind die meisten von uns noch weit entfernt.

Im Buddhismus geht man hingegen sehr offen und direkt mit dem Tod um. Eine der ersten Grundwahrheiten in der buddhistischen Lehre ist die Vergänglichkeit allen Seins. Nichts ist von Bestand, nichts ist von Dauer, nicht der Augenblick, nicht die schönste Blume, nicht die Jugend, nicht die Gesundheit und schon gar nicht unser Körper. Das sehen und erleben wir tagtäglich, aber so richtig glauben wollen wir es meistens nicht. Erst wenn ein lieber Mensch stirbt, wird es uns wieder schmerzlich bewusst: Ja, wir alle müssen sterben.

Uns der Gewissheit des Todes bewusst zu sein bedeutet nicht, in Depression zu verfallen, sondern kann uns helfen, uns auf das zu konzentrieren, was uns wirklich wichtig ist. Im Angesicht des Todes fallen viele unwichtige Dinge einfach von uns ab. Warum sollen wir sie nicht schon jetzt, während wir noch leben, loslassen, anstatt uns ständig über alle möglichen Kleinigkeiten zu ängstigen?

Die buddhistischen Lehren untersuchen genau, was im Prozess des Sterbens geschieht. Sie zeigen auf, dass es dabei um das Loslassen von Kontrolle, vom Festklammern an Ideen und falschen Identifikationen geht. Insbesondere aber geht es um das Loslassen der falschen Vorstellung, ein ewiges, unveränderlich existierendes »Ich« oder »Selbst« zu sein.

Die Angst, die damit verbunden ist, diese Vorstellung loszulassen, ist nach buddhistischer Anschauung sogar noch grundlegender als die Angst vor dem Tod. Es ist die Angst davor, unser eingefrorenes und starres Weltbild zum Schmelzen zu bringen.

Genau dieses eingefrorene und erstarrte Weltbild ist es aber, das das Leben so schmerzvoll macht. Damit die damit verbundene Enge und das Gefühl des »Bedrängt-Seins« aufhört und Mitgefühl fließen kann, geht es in den buddhistischen Übungen immer wieder darum, die scheinbare Festigkeit dieses Weltbildes zu lockern und damit unser Festklammern an der Illusion der Dauerhaftigkeit loszulassen. Und das macht Angst: Angst loszulassen, Angst, sich zu öffnen, sich hinzugeben, Angst vor Kontrollverlust, Angst davor, in ein Nichts zu fallen. Hier brauchen wir Vertrauen in unser innewohnendes Gutsein und es bedarf auch der Führung und Inspiration durch erfahrene spirituelle Lehrer, die uns den Weg durch diese Ängste zeigen, sodass wir gleichsam durch sie hindurchsegeln können.

Doch zunächst geht es darum, unsere eigenen Ängste bewusster wahrzunehmen und sie schrittweise – wo uns das möglich ist – loszulassen. Wir brauchen nichts festzuhalten: Alles, was wir uns nur wünschen können, haben wir jederzeit zur Verfügung. Niemand kann uns das wegnehmen. Wie schon mehrfach erwähnt, besagt die Lehre von der Buddha-Natur, dass die Grundlage unseres Seins uranfängliches Gutsein ist, mit allen wunderbaren Qualitäten der Freude, der Liebe, der Weisheit und des Mitgefühls. Vor diesem zutiefst positiven Hintergrund sind unsere kleinen Ängste und Befürchtungen letztlich unbedeutend.

Wenn wir uns daran machen, mit unseren Ängsten zu arbeiten, so empfiehlt es sich, zunächst in geschützten Räumen zu üben, mit Menschen, die uns wohl gesonnen sind. Mit ihnen und in Situationen, die nicht bedrohlich sind, können wir es vielleicht wagen, unseren Schutzpanzer gelegentlich abzulegen und uns ein wenig so zu zeigen, wie wir eigentlich sind: zart, verletzlich und einfühlsam, aber auch stark, wild und kreativ. So können wir gemeinsam mit anderen allmählich die Angst vor dem, was an unentdeckten Qualitäten in uns schlummert, überwinden. Wir können unser Herz erwecken, sodass diese Qualitäten aus uns heraus zu allen Wesen und zu deren Nutzen und Freude strömen.

Den neunten Schritt gehen

Bitte machen Sie es sich bequem. Lenken Sie Ihre Aufmerksamkeit zunächst auf den Atem. Bemerken Sie einfach, wie Sie ein- und ausatmen. Gönnen Sie sich ein paar Minuten, in denen Sie das Atmen genießen. Nehmen Sie dann das Buch wieder zur Hand und folgen Sie den Anregungen zum Nachdenken. Lesen Sie bitte jeweils nur eine Frage und lassen Sie diese auf sich wirken. Warten Sie, ob eine Antwort in Ihnen aufsteigt. Wenn das nicht der Fall ist, macht das nichts. Die

Frage kann auch im Raum stehen bleiben, sie wird sich irgendwann später von alleine beantworten.

Zum Nachsinnen

Wovor hatten Sie als Kind Angst? Ist das heute immer noch so, oder hat sich das geändert? Wovor haben Sie heute Angst? Versuchen Sie, für sich selbst genau zu spüren, was Ihnen Angst macht. Können Sie mit anderen Menschen über Ihre Ängste sprechen? Welche Möglichkeiten sehen Sie, mit Ihren Ängsten umzugehen?

*

Welche Dinge haben Sie in der Vergangenheit gemacht, obwohl Sie Angst verspürten, zum Beispiel eine Prüfung, ein klärendes Gespräch mit einer schwierigen Person? Wie sind Sie in diesem Fall mit ihrer Angst umgegangen? In welchen Situationen hat Sie Ihre Angst davon abgehalten, bestimmte Dinge zu tun? Wie hat sich das angefühlt?

*

Machen Sie sich klar, dass Sie viele Dinge ohnehin nicht beeinflussen können: das Wetter, die Weltpolitik, das Verhalten anderer Menschen und vieles mehr. Seien Sie mitfühlend mit sich selbst und sagen Sie zu sich: »Mach dir nicht so viele Sorgen!«

Achten Sie in den nächsten Tagen auf Folgendes

Üben Sie sich darin, im Freundeskreis oder in anderen geschützten Umgebungen, sich auch einmal eine Blöße zu geben. Geben Sie zu, dass Sie etwas nicht wissen oder verstehen. Sprechen Sie etwas aus, auch wenn Sie es noch nicht tausendmal durchdacht haben. Vertreten Sie Ihre Meinung, auch wenn Sie nicht hundertprozentig politisch korrekt ist. Zeigen Sie sich.

*

Verhalten Sie sich verständnisvoll, wenn andere sich eine Blöße geben. Lachen Sie sie nicht aus, sondern erklären Sie ruhig und freundlich, was Sache ist. So kann eine Grundlage des gegenseitigen Vertrauens entstehen.

*

Helfen Sie, wo es nötig ist, auch wenn Sie sich dabei eventuell vor anderen genieren. Geben Sie zum Beispiel einem Bettler Geld, auch wenn Sie befürchten, dass sich Ihre Arbeitskollegen darüber lustig machen könnten.

Anregungen zum Handeln

Versuchen Sie, Ihre Sorgen möglichst sachlich und nüchtern anzugehen. Notieren Sie einen problematischen Sachverhalt. Bitten Sie Freunde und Bekannte um Hilfe und Rat. Sprechen Sie über Ihre Probleme. Gemeinsam ist es leichter, Lösungen und Auswege zu finden. Suchen Sie, wenn nötig, professionelle Hilfe. Wenden Sie sich an einen guten Arzt oder Heilpraktiker, an die Verbraucher- oder Schuldnerberatung, an eine Suchtberatung oder qualifizierte Psychologen.

*

Machen Sie einen Erste-Hilfe-Kurs. Dann werden Sie sich sicherer fühlen, was Ihr Verhalten bei einem möglichen Unfall angeht. Oder setzen Sie sich, zum Beispiel an Ihrem Arbeitsplatz, mit dem Verhalten

bei Feuer und ähnlichen Notsituationen auseinander. Was gibt es in
solchen Fällen zu tun?

*

Sprechen Sie Menschen, die traurig oder verzweifelt sind, Trost zu.
Versuchen Sie, andere aufzumuntern und ihnen Freude am Leben zu
vermitteln. Anderen Schutz zu bieten, wenn sie Angst haben, besonders wenn sie in Lebensgefahr sind, ist eine großartige Sache. Sie könnten Organisationen unterstützen, die genau das tun.

Wünsche und Vorsätze

Möge ich meine Ängste überwinden.
Möge ich frei von Hoffen und Bangen durchs Leben schreiten.
Möge ich anderen Schutz und Hilfe geben.
Mögen alle Wesen frei von Furcht sein.

Formulieren Sie einen Wunsch, der Ihnen besonders am Herz liegt
und schreiben Sie ihn in Ihr Wunschbuch. Fassen Sie auch einen konkreten Vorsatz:

Ich nehme mir vor, mich in Bezug auf...
(eine bestimme Sache) weniger von meiner Angst bestimmen zu lassen.

10. Schritt

Vertrauen fassen

Trauen Sie sich, im Schwimmbad vom Fünf-Meter-Brett zu springen, alleine in ein fremdes Land zu reisen oder eine neue berufliche Aufgabe anzugehen? Worauf können wir vertrauen? Können wir uns in schlechten Zeiten auf Freunde stützen, auf unsere Familie, auf unseren Glauben? Können wir in unsere eigenen Fähigkeiten, unsere Lebenserfahrung, unsere Urteilskraft vertrauen?

Vertrauen zu entwickeln ist ein wichtiger Schritt auf dem Weg des Herzens, denn wenn wir uns selbst nichts zutrauen, haben wir Angst zu versagen und bleiben untätig, wo entschlossener Einsatz nötig wäre. Wenn wir unseren Mitmenschen nicht vertrauen, schotten wir uns ab, stecken in Argwohn und Misstrauen fest und blockieren unsere Energie.

Wenn wir kein Vertrauen ins Leben haben, dann begleitet uns eine unterschwellige Furcht, uns könnte ein Unheil zustoßen oder die Welt könnte untergehen. Wir werden schreckhaft und handeln hektisch und nervös. Ein Mangel an Vertrauen führt also zu Angst, innerer Verspannung oder Nervosität und verstärkt die Tendenz, uns vor anderen abzuschirmen und zu verschließen. Je mehr wir vertrauen können, desto offener werden wir.

Ein gesundes Selbstvertrauen zu haben bedeutet, dass man weiß, was man kann, und dass man dementsprechend handelt. Man kennt seinen Platz in der Welt und ist selbstsicher, nicht in einer überheblichen oder selbstherrlichen Weise, sondern in dem Sinne, dass man sich nicht dauernd selbst beweisen muss, dass man in Ordnung ist.

Sicher gab es Ihrem Leben auch schon Zeiten, in denen Sie so empfunden haben. Aber wir alle haben doch immer wieder Phasen, in denen wir uns nicht so sicher fühlen. Gerne führen wir dies dann darauf zurück, dass wir in unserem Elternhaus nicht die entsprechende Bestätigung und Unterstützung erfahren haben und uns deshalb grundsätzlich unsicher fühlen. Was wir von unseren Eltern und anderen Bezugspersonen in Bezug auf unseren Selbstwert erlernt haben, hat uns zweifelsohne geprägt. Andererseits brauchen wir uns als erwachsene Menschen nicht mehr völlig davon bestimmen zu lassen. Wir haben die Chance, unseren Wert als Mensch selbst und neu zu bestimmen. Und wir dürfen Vertrauen in unsere Talente und Fähigkeiten haben.

Vertrauen zu anderen Menschen zu fassen ist nicht immer leicht. Natürlich gibt es Menschen, die unsere Hilfsbereitschaft schamlos ausnutzen, wir sprechen ja auch von einer gesunden Vorsicht, die uns vor kleinen und großen Betrügern schützt. Aber es gibt ein überzogenes Misstrauen, das überall Heuchelei wittert und davon ausgeht, dass alle Hilfsbedürftigen »nur so tun, als ob«. Ein solches übertriebenes Misstrauen ist wie Gift. Wir argwöhnen überall falsches Spiel und mauern unser Mitgefühl ein. Jede aufkeimende Herzensregung wird erstickt mit Gedanken wie: »Ach, die sind ja doch nur auf mein Geld aus.«

Misstrauen, überzogener Kritikeifer und Zynismus sind in unserer Gesellschaft weit verbreitet. Es gilt als schick, an nichts und niemandem ein gutes Haar zu lassen. Wer vertrauensvoll an etwas glaubt, gilt als dumm und einfältig. Zwar sind blinder Glaube und die eventuell daraus entstehenden Abhängigkeiten sicherlich schädlich, aber Kritiksucht, ständiger Zweifel und Nörgelei zerstören die Basis für jegliches vertrauensvolles Miteinander und höhlen uns von innen aus. Stattdessen sollten wir uns darin üben, auf unsere Intuition zu hören. Sie sagt uns, ob etwas richtig oder falsch ist. Wir können lernen, unserer Fähigkeit, die Wahrheit zu spüren, zu vertrauen, selbst wenn wir dabei manchmal Fehler machen.

Schließlich ist das Einzige, worauf wir letztlich vertrauen können, unser eigenes Urteilsvermögen, unsere eigene Intuition, unser eigenes Gespür dafür, was richtig und falsch, was wahr und unwahr ist. Ein solches Vertrauen gibt uns innere Sicherheit, wir schätzen Situationen richtig ein und handeln dementsprechend. Auch Lebenserfahrung und Menschenkenntnis gehören zu dieser Art von Vertrauen. Wir alle besitzen ein Gespür dafür, was Menschen bewegt und antreibt, was sie sich wünschen und was sie brauchen.

Letztendlich führt uns das Vertrauen in uns selbst und in unsere Mitmenschen zu unserer wahren Natur, unserem grundlegenden Gutsein, der Buddha-Natur. Wenn wir im Sinne unserer wahren Natur handeln, wirft uns nicht sofort jede Schwierigkeit aus der Bahn. Auch wenn wir einmal nicht sofort wissen, was zu tun ist, geraten wir nicht in Panik. Es wird sich eine gewisse Furchtlosigkeit einstellen. Wir vertrauen uns selbst und unserer Fähigkeit, der Welt offen entgegenzutreten. Wir sind voll Vertrauen und Zuversicht, dass die Dinge sich schon richtig entwickeln werden, und wir handeln so gut wir es in der jeweiligen Situation vermögen. Wir vertrauen in die Tatsache, dass selbst kleine Schritte große Auswirkungen haben: Steter Tropfen höhlt den Stein.

Als Ansporn können uns Menschen dienen, die auf dem Weg des Herzens schon weiter fortgeschritten sind: Frauen und Männer der Vergangenheit, aber auch der Gegenwart, vor denen wir Respekt empfinden, weil sie sich für das Wohl der Menschheit eingesetzt haben. Diese Personen haben ihr Potenzial in großem Maße entfaltet und zeigen uns, dass wir den Weg des Mitgefühls nicht alleine gehen müssen. Es gibt zahllose Vorbilder, denen wir nachfolgen und in die wir unser Vertrauen setzen können. Der Weg ist nicht immer leicht, das haben Sie schon längst gemerkt. Aber fragen Sie sich selbst: Gibt es einen anderen Weg, der es wert ist, beschritten zu werden?

Jede kleine Handlung, jeder kleine Impuls von Mitgefühl und Liebe ist von unschätzbarem Wert und wir sollten nicht übertrieben streng und kritisch mit uns sein, nicht zu viel auf einmal erwarten. Wir sollten uns vielmehr darüber freuen, in die richtige Richtung zu gehen, auch wenn uns klar ist, dass wir noch viel zu lernen haben.

Vertrauen in uns selbst und in andere Menschen ist etwas, das nicht plötzlich da ist, sondern wachsen muss – aber auch wachsen kann. Schon kleine Schritte in Richtung Offenheit und Freundlichkeit werden Früchte tragen. Sobald Sie solche Schritte wagen, werden Sie feststellen: »Plötzlich sind die Leute so nett zu mir.«

Den zehnten Schritt gehen

Machen Sie es sich bequem. Lenken Sie Ihre Aufmerksamkeit auf Ihren Atem. Atmen Sie ganz ruhig und natürlich. Spüren Sie dabei Ihren ganzen Körper. Lassen Sie sich einige Minuten Zeit. Wenden Sie sich dann den nachfolgenden Fragen und Anregungen zu. Bitte lassen Sie jede Frage einzeln auf sich wirken.

Zum Nachsinnen

Welchen Menschen vertrauen Sie? Was bedeutet das für Sie? Wie muss ein Mensch sein, damit er Ihr Vertrauen gewinnt? Was tun Sie im Umgang mit anderen Menschen, um deren Vertrauen zu gewinnen? Wem trauen Sie nicht über den Weg? Warum nicht? Wie könnten Sie dies verändern?

Haben Sie Vertrauen zu sich selbst? Vertrauen Sie in Ihre eigenen Fähigkeiten, in Ihr Wissen, Ihre Art, Dinge zu tun und Probleme zu lösen? Vertrauen Sie Ihrer eigenen Intuition, Ihrem Gefühl, das Richtige zu tun? In welchen Situationen ist dies leicht? In welchen Situationen trauen Sie sich selbst nicht? Wie könnten Sie das ändern?

Achten Sie in den nächsten Tagen auf Folgendes

Bemerken Sie Momente, in denen Sie anderen Menschen nicht trauen. Wie fühlt sich das an? Versuchen Sie, Ihr Unbehagen auszudrücken. Vielleicht ergibt sich eine Lösung.

*

Achten Sie auch auf Situationen, in denen andere Ihnen mit Misstrauen begegnen. Wie fühlen Sie sich dabei? Wie lässt sich eine solche Situation lösen?

Anregungen zum Handeln

Verlassen Sie sich auf Ihre eigene Urteilskraft und fällen Sie bewusst Entscheidungen: Entscheiden Sie sich zum Beispiel, ob Sie einem Bettler Geld geben wollen oder nicht. Wenn Sie der Meinung sind, er kaufte sich damit nur die nächste Flasche Alkohol und das sei schlecht, dann lassen Sie es. Sie könnten ihm stattdessen etwas zu essen schenken. Wenn Sie entscheiden, dass Sie auf jeden Fall die Zeit verkürzen wollen, die er auf der Straße bettelnd verbringen muss, dann geben Sie ihm etwas Geld.

Entsprechendes gilt für Spenden. Auch wenn es keine absolute

Sicherheit gibt, dass Spenden ankommen, treffen Sie eine Entscheidung und handeln Sie danach. Überlegen Sie nicht ständig hin und her. Spenden Sie, oder entscheiden Sie sich für eine andere Form der Hilfe für Menschen, die in Schwierigkeiten sind.

Wünsche und Vorsätze

Möge ich mir selbst vertrauen und mir mehr zutrauen.
Möge ich in mein eigenes grundlegendes Gutsein vertrauen.
Möge ich ins grundlegende Gutsein der anderen vertrauen.
Möge ich anderen mit Vertrauen begegnen.
Möge ich anderen helfen, Vertrauen zu fassen.

Formulieren Sie Ihre persönlichen Wünsche. Schreiben Sie diese in Ihr Wunschbuch und lesen Sie sie mehrmals täglich laut. Nehmen Sie sich einen konkreten Punkt vor, an dem Sie mehr Vertrauen zulassen möchten, sei es in Bezug auf Ihre eigenen Fähigkeiten oder im Umgang mit anderen und formulieren Sie dann einen Vorsatz:

Ich nehme mir vor, mehr Vertrauen zu wagen in Bezug auf
.... (eine Aufgabe, eine Fähigkeit).

Ich nehme mir vor, ... (eine bestimmte
Person) mehr Vertrauen zu schenken.

107

11. Schritt

Schadenfreude und Rachegelüste überwinden

Haben Sie auch schon einmal gedacht, »Das geschieht ihm recht!«, wenn jemandem, der Ihnen Unrecht zugefügt hat oder den Sie einfach nicht mögen, etwas Unangenehmes zustößt? Das muss nichts Schlimmes sein. Vielleicht bekommt diese Person Kopfschmerzen, kommt zu spät zur Arbeit und wird vom Chef zurechtgewiesen, verliert ihren Regenschirm oder wird von einem vorbeifahrenden Auto nass gespritzt. Es kann auch sein, dass jemand gemein zu anderen Menschen war und dann selbst in die Grube gefallen ist, die er gegraben hat. Dann reiben wir uns die Hände und freuen uns klammheimlich.

Schadenfreude nennen wir das. Wir freuen uns über den Schaden eines anderen Menschen. Es gibt sogar Fernsehsendungen, die genau das zum Thema haben, sie zeigen die Missgeschicke anderer und wollen damit unterhalten und zum Lachen bringen.

Natürlich lacht man über absurde Situationen. Worum es in diesem Kapitel geht, sind Umstände, in denen wir uns am Unglück anderer laben; das kann wohl kaum unser Ziel sein, wenn es darum geht, eine menschlichere Gesellschaft zu fördern.

Schadenfreude ist oft eine Form der Aggression. Es mag auch nur ein leiser Groll sein, den wir gegenüber einer anderen Person hegen. Wir sind vielleicht ärgerlich und neidisch, weil diese Person so arrogant oder rücksichtslos ist, immer erfolgreich zu sein scheint oder immer alles besser weiß. Dieser Groll macht sich nun in Form der Schadenfreude Luft: Endlich hat diese Person auch einmal Pech! Anstatt mitzufühlen, zu helfen und zu lindern, sind wir kalt und spöttisch, hämisch und abweisend. Schadenfreude blockiert unser Mitgefühl und deshalb sollten wir sie nicht pflegen. Wenn wir sie in uns wahrnehmen, nützt es aber nichts, uns selbst zurechtzuweisen. Vielmehr geht es darum, unsere Regungen wahrzunehmen, aber nicht in ihnen zu schwelgen. Auch Rachegefühle sind mit Aggression verbunden. Jemand hat uns scheinbar absichtlich geärgert, hat versucht, uns zu manipulieren, uns angegriffen, uns eine Falle gestellt oder ins offene Messer laufen lassen. Wir sind empört, verärgert, verletzt, vielleicht sogar verzweifelt. Manchmal kann man versuchen, dies in einem klärenden Gespräch aufzuarbeiten. Aber zuweilen lässt unser Gegenüber unsere Empörung einfach an sich abprallen und tut so, als wäre nichts gewesen. Das macht die Sache nur noch schlimmer. Dann sind wir ganz alleine mit unserer Wut und dem Gefühl, ungerecht behandelt worden zu sein. Da mag der Gedanke auftauchen, es dieser Person heimzuzahlen, ihr auch etwas Verletzendes anzutun, sich an ihr zu rächen.

Rachefantasien können auftauchen, wenn wir uns in unserer Wut ohnmächtig fühlen, wenn wir unseren Unmut der betreffenden Person nicht mitteilen, den Konflikt nicht ausleben können. Das ist häufig der Fall, wenn derjenige, der uns Unrecht zugefügt hat, ranghöher steht als wir, zum Beispiel Lehrer oder Vorgesetzte, oder nicht greifbar ist, wie Behörden oder der Gesetzgeber. Wir wissen dann nicht, wohin mit unserer Wut, und sie kann sich gegen alles und jeden wenden, gegen Ersatzobjekte, aber auch gegen uns selbst.

Konflikte wird es immer geben und sie sollten auch nicht unter den Teppich gekehrt, sondern offen und ehrlich, aber möglichst ohne den anderen zu verletzen, ausgetragen werden. Die eigenen Grenzen kann und soll man selbstverständlich deutlich machen und sich notfalls rechtlichen Beistand holen. Aber auch in rechtlichen Streitigkeiten wäre es gut, sich um eine sachliche Haltung dem Kontrahenten gegenüber zu bemühen.

Und auch von Behörden braucht man sich als mündiger Bürger nicht alles gefallen zu lassen. Man sollte auf den eigenen Rechten bestehen und gleiches Recht für alle fordern. Aber selbst schriftlich fixierte und garantierte Rechte werden zuweilen unterschiedlich ausgelegt und auch in einem modernen Rechtsstaat wird es so etwas wie absolute Gerechtigkeit nie geben. Täglich erleben wir soziale Ungerechtigkeit, Schlupflöcher im Rechtssystem, unterschiedliche Rechtsauffassungen und vieles mehr.

Im buddhistischen Kontext scheint das Gesetz von Ursache und Wirkung, oft kurz »Karma« genannt, der Garant für Gerechtigkeit. Was man an guten oder schlechten Taten gesät hat, wird man später als gute oder schlechte Umstände ernten, so die Kurzfassung dieses »Naturgesetzes«. Jemand, der selbst anderen Gewalt zugefügt hat, wird also später selbst Gewalt erleiden. Doch das Gesetz von Karma ist vielschichtig und komplex. Unzählige Ursachen können sich gegenseitig überlappen und wie Frequenzen teilweise auslöschen oder verstärken. Eine Wirkung ist nicht unbedingt die genaue Abbildung der Ursache. Auch können aus buddhistischer Sicht mehrere Leben zwischen dem Säen einer Ursache und dem Reifwerden der Wirkung liegen.

An das Gesetz von Karma zu denken kann einerseits Mitgefühl in uns hervorbringen, wenn wir überlegen: »Was wird dieser Gewalttäter wohl später selbst an fürchterlichen Leiden erdulden müssen?« Das mag uns helfen, Rache und Aggression loszulassen und zu Mitgefühl zu gelangen. Andererseits kann ein Hinweis auf das Gesetz des Karma unsere Rachegefühle quasi fortführen und wiederum zu einer Art Schadenfreude führen, indem wir denken: »Dieser Verbrecher wird durch das Gesetz des Karma seine gerechte Strafe schon noch erfahren. Und das geschieht ihm recht!« Hier müssen wir also sehr aufmerksam und ehrlich mit uns selbst umgehen, damit wir das Gesetz des Karma nicht dafür benutzen, doch wieder in Rache und Schadenfreude zu schwelgen.

Besonders schwer ist es, Mitgefühl für Menschen zu empfinden, die anderen Schreckliches zugefügt haben, die gefoltert, vergewaltigt oder grausam gemordet haben. Schier unmöglich scheint ein Mitempfinden mit den Tätern dann, wenn wir selbst beziehungsweise uns sehr nahe stehende Menschen Unrecht, Erniedrigung oder Gewalt erfahren haben. Dann nicht zu hassen und nicht nach Vergeltung und Rache zu rufen ist eine große Herausforderung, eine schwierige Aufgabe, die Jahre in Anspruch nehmen kann. Man denke nur an die Schwierigkeiten der Aussöhnung von Nationen oder einzelnen Volksgruppen nach Kriegen.

Leicht stellt sich in uns das Empfinden ein, dass Gewalttäter einfach böse sind und eine Strafe verdienen. Sollen sie nicht dasselbe Leid erfahren, das sie anderen zugefügt haben? Wäre das nicht gerecht? Hier müssen wir wirklich gut aufpassen. Denn der Ruf nach Strafe, Vergeltung oder gar Rache hat noch keinen Menschen und kein Volk glücklich gemacht.

In manchen Ländern gibt es noch die Todesstrafe, die zum Teil öffentlich vollzogen wird und Angehörige des Gewaltopfers können der Hinrichtung des Täters beiwohnen. Manchmal sagen die Angehörigen, dass sie Genugtuung empfinden, wenn sie den Täter sterben sehen. Bei allem Verständnis für das Leid der Angehörigen sollte man doch genau hinsehen, welche Haltungen da gepflegt werden. Denn im Grunde wird hier Hass gefördert und eine Haltung, der wir als Zivilisationen eigentlich schon entwachsen sein müssten: Blut für Blut!

Außerdem gibt es Justizirrtümer. Wir alle wissen, dass die Rache zuweilen die Falschen trifft. Zu Unrecht Verurteilte werden hingerichtet. Was ist dann mit Rache und Genugtuung? Und man sollte die Möglichkeit nicht ausschließen, dass der Gewalttäter sich ändert, sein Unrecht einsieht und Reue empfindet.

Mitgefühl mit Mördern zu haben bedeutet nicht, Entschuldigungen für ihre Taten zu suchen oder diese zu beschönige und die Täter von ihrer Schuld freizusprechen. Es soll auch nicht darum gehen, vom schrecklichen Leid, den Schmerzen und der Verzweiflung der Opfer abzulenken. Aber nicht nur die Opfer brauchen unsere Hilfe, Unterstützung und unser Mitgefühl, sondern auch die Täter. Jemand, der scheinbar gefühllos ist, braucht gerade unser Mitgefühl. Wir sollten ihm wünschen, dass er selbst wieder fühlen kann. Denn nur wer selbst wirklich fühlt, kann sich in die Empfindungen anderer einfühlen. Und auch wenn ein Mensch Leid verursacht hat, bedeutet das nicht, dass wir ihn ewig hassen müssen.

Wir könnten uns fragen, wie es in einem solchen Menschen aussehen mag. Wie hart gegen sich selbst mag er wohl sein, wie viele Gefühle muss er in sich selbst abgetötet haben, welch einen Schutzwall gegen seine Empfindungsfähigkeit hat er errichtet? Auf welchen irrigen Prämissen ist wohl sein Weltbild begründet, wie eingesperrt ist er in seinen Mustern des Denkens und Fühlens?

Wenden wir uns aber den weniger dramatischen Umständen in unserem privaten Umfeld zu. Schon hier fällt es uns oft schwer genug, nicht nachtragend zu sein, wenn jemand uns verletzt oder Unrecht getan hat. Hier können wir üben, den Groll nicht festzuhalten und zu nähren, sondern versuchen zu vergeben – selbst wenn uns der andere nicht um Verzeihung gebeten hat. Nachtragend zu sein heißt, eine innere Wand aufzubauen, die uns selbst verhärtet und den Kontakt zum anderen unnötig erschwert und behindert.

Schadenfreude und Rachegelüste – die Begriffe selbst verraten uns, dass es um verzerrte Gefühle geht. Bei der Schadenfreude gibt es ja

Freude, also etwas Positives. Gegen Freude kann niemand etwas haben. Aber sich am Schaden des anderen zu erfreuen ist eine verzerrte, verdrehte, korrupte Form der Freude.

Bei Rachegelüsten geht es um Lust. Lust kann in vielen Gewändern erscheinen und auch im positiven Sinne eingesetzt werden. Hier ist Lust mit Aggression, dem Wunsch nach Rache, gepaart. Wie im Kapitel über Hass besprochen, geht mit starken Gefühlen der Wut, des Zorns und eben auch der Rache sehr viel Energie einher. Wer in Rage ist, fühlt sich sehr lebendig und kraftvoll. Dann ist es schwer, den Zorn loszulassen. Das empfindet man so, als ob die Luft aus einem herausgelassen würde und man kraftlos in sich zusammenfällt.

Es gilt zu lernen, dass diese Kraft und Energie auch da ist, wenn wir keinen Groll hegen. Freudvolle Energie, die zum Nutzen aller eingesetzt wird, kann mindestens genauso beflügelnd und inspirierend sein wie Rachegefühle und sie hat den großen Vorteil, niemandem zu schaden.

Den elften Schritt gehen

Bitte halten Sie wieder einen Moment inne, bevor Sie mit dem Nachsinnen fortfahren. Lenken Sie Ihre Aufmerksamkeit auf den Atem. Spüren Sie einfach, wie Sie ein- und ausatmen. Nehmen Sie sich als atmenden Menschen wahr. Gönnen Sie sich dafür einige Minuten Zeit. Lesen Sie dann die nachfolgenden Fragen einzeln durch und lassen Sie sie auf sich wirken. Es geht nicht um schnelle Antworten.

113

Zum Nachsinnen

Wann und in welcher Situation haben Sie zuletzt jemanden ausgelacht? Wie haben Sie sich dabei gefühlt? Wäre auch eine andere Reaktion möglich gewesen?

*

Gibt es Menschen, denen Sie eine Verletzung nicht verzeihen können? Wie verhalten Sie sich diesen Menschen gegenüber? Wie fühlen Sie sich dabei? Gibt es Menschen, die Ihnen einen Fehler oder eine Verletzung nachtragen? Was könnten Sie unternehmen, um diese Wunde zu heilen?

Achten Sie in den nächsten Tagen auf Folgendes

Üben Sie sich darin, bei kleinen Dingen Entschuldigungen anzunehmen und Ihren Unmut aufzulösen, zum Beispiel, wenn jemand Sie im Zug anrempelt oder Ihnen die Tür vor der Nase zuschlägt und dann »Verzeihung« sagt.

*

Versuchen Sie, kleine Versäumnisse oder Ungerechtigkeiten anderer direkt anzusprechen oder aufzulösen, sodass kein großer Groll daraus erwachsen kann. So zum Beispiel, wenn jemand bei einer Einladung vergisst, Ihnen etwas einzuschenken oder wenn jemand vor Ihnen beim Arzt drankommt, obwohl Sie eigentlich an der Reihe waren. Weisen Sie auf das Versäumnis freundlich, aber bestimmt hin, fragen Sie gegebenenfalls nach, wie es dazu kam, und bieten Sie Lösungsmöglichkeiten an. Machen Sie keine große Sache daraus und bauen Sie keine Verschwörungstheorie auf.

Achten Sie darauf, in welchen Situationen Sie Schadenfreude empfinden. Versuchen Sie dann, sich selbst an der Stelle der anderen Person vorzustellen. Was würden Sie in diesem Moment empfinden?

Anregungen zum Handeln

Behandeln Sie die Schadenfreude als Anlass für ein Hilfsangebot. Anstatt sich am Pech Ihres Mitmenschen zu weiden und Ihrer Schadenfreude zu frönen, könnten Sie ihm einfach helfen, aus seiner misslichen Lage herauszukommen.

*

Entschuldigen Sie sich direkt bei anderen, wenn Sie merken, dass Sie etwas falsch gemacht haben. Versuchen Sie nicht, Ihren Fehler zu vertuschen.

Wünsche und Vorsätze

Wenn Sie Schadenfreude in sich entdecken, formulieren Sie Wünsche wie:

Möge es mir gelingen, diese Schadenfreude aufzulösen und mit den Menschen mitzufühlen.

Möge niemand Schaden erleiden.

Mögen alle Wesen frei sein von Unglück.

Wenn es Ihnen schwer fällt, anderen zu verzeihen, formulieren Sie entsprechende Wünsche:

115

Möge ich allen Wesen verzeihen können.
Mögen alle Wesen mir verzeihen können.
Mögen alle Wesen ihren Feinden verzeihen können.

Wenn Sie in den Nachrichten Berichte über Gewaltverbrecher hören, dann sprechen Sie den Wunsch:

Möge dieser Mensch sein Herz öffnen können für das Fühlen der anderen.
Mögen sich die Ursachen des Leidens dieser Menschen auflösen.

Formulieren Sie Ihre eigenen Wünsche, notieren Sie diese in Ihr Buch und fassen Sie schließlich einen konkreten Vorsatz:

Ich nehme mir vor, ...
(eine bestimmte Person) endlich zu verzeihen und ihm / ihr wieder ganz offen entgegenzutreten.

116

12. Schritt

Falsche Identifikation aufgeben

Herzzerreißend weint ein Kind, dem der bunte Luftballon, den es eben bekommen hat, aus der Hand gleitet und davonfliegt. Die Welt bricht zusammen in diesem Moment des Verlustes eines Gegenstandes, der eben noch das Zentrum der gesamten Existenz des Kindes war. Wie gehen wir Erwachsene mit diesem Kummer um? Vielleicht mit einem lachenden und einem weinenden Auge, denn wir spüren einerseits die Verzweiflung des Kindes, fühlen seinen Kummer und weinen gleichsam mit ihm. Andererseits erkennen wir aber auch, dass ein solcher Gegenstand es nicht wert ist, vollkommen aus der Fassung zu geraten. Notfalls kaufen wir eben einen neuen Ballon. Vielleicht neigen wir aber auch dazu, den Kummer des Kindes als lächerlich abzutun: »Das ist doch nicht so schlimm. Stell dich nicht so an.«

Möglicherweise haben Sie inmitten der kleineren und größeren Katastrophen des Alltags ähnlich zwiespältige Gefühle. Es gibt immer wieder Situationen, in denen wir nicht so recht wissen, ob wir lachen oder weinen sollen – wenn uns der Becher mit flüssiger Sahne aus der Hand rutscht und die ganze Küche voll spritzt oder wir eigentlich tanken müssten, der Schlüssel für den Tankdeckel aber zu Hause liegt.

Oft genug gehen wir wie ein Kind völlig in unserem Kummer auf und fühlen uns vom Leben ungerecht behandelt. Wenn wir uns in solchen Momenten doch nur aus einer weisen Distanz beobachten könnten! Dann würden wir uns nicht so fürchterlich über den ersten Kratzer im neuen Auto aufregen, der unfreundliche Mitarbeiter im Büro würde uns keine Magenschmerzen bereitet und der Schnupfen, der uns davon abhält, ins Konzert zu gehen, wäre halb so schlimm.

Es stellt sich also die Frage, warum wir aus jeder Mücke einen Elefanten machen, warum wir eigentlich alles so tragisch nehmen, warum wir überhaupt leiden.

Das Kind mit dem Luftballon in der Hand zeigt uns das sehr anschaulich. Es hat sich ganz und gar auf den Ballon konzentriert. Der Ballon ist in diesem Moment seine ganze Freude. Das Kind identifiziert sich völlig damit. Wenn der Ballon wegfliegt oder zerplatzt, dann »zerplatzt« auch ein Teil des Kindes. Es wird gezwungen, seine Identifikation mit dem Ballon loszulassen, und erlebt das als äußerst schmerzlich.

Die Ursache des Kummers ist weder das Kind noch der Ballon und auch nicht die Tatsache, dass er wegfliegt. Der Schmerz ist das Resultat der völligen Ausrichtung des Kindes auf diesen Gegenstand als das Zentrum seiner Existenz.

Auch wir neigen dazu, unsere Existenz an Dinge zu heften, die so flüchtig sind wie ein Luftballon. So identifizieren wir uns mit unseren Emotionen, mit bestimmten Anschauungen und Grundsätzen, mit Gewohnheiten und Tendenzen, mit Menschen, die uns lieb sind, und nicht zuletzt mit unserem eigenen Körper.

Das Problem mit all diesen Identifikationen ist, dass sie an einem Status quo festhalten, den es in Wirklichkeit nicht gibt. Alles, womit wir uns identifizieren, verändert sich ständig. Wir stützen uns auf etwas, das keine Festigkeit hat, das uns niemals einen Halt geben kann. Wenn wir dann einer Veränderung gewahr werden, zum Beispiel nachlassender körperlicher oder geistiger Leistungsfähigkeit, oder wenn ein Kaffeefleck auf das neue Kleid kommt oder ein Virus den Computer lahm legt, bricht – zumindest für kurze Zeit – unsere Welt zusammen und wir leiden.

Was in solchen Momenten geschieht, ist, dass wir uns völlig mit einem bestimmten Zustand identifizieren. Wir sind ganz und gar darauf fixiert, diesen Zustand aufrechtzuhalten. Aber weil sich alles ständig verändert, wird auch dieser Zustand sich ändern und unsere starre Identifikation mit ihm wird zwangsläufig zu Enttäuschung und Leid führen. Das, was gerade noch war, hat sich im nächsten Augenblick schon verändert. Das gefällt uns nicht. Wir schreien auf und sind so sehr mit unserem eigenen Kummer beschäftigt, dass wir die Bedürfnisse anderer Menschen kaum mehr wahrnehmen. Vielleicht bilden wir uns auch noch ein, unser Leid sei ganz besonders schlimm, womöglich einzigartig. So beginnen wir, das Geistesgift Stolz in Gestalt des »Stolzes der Unterlegenheit«, wie wir es im siebten Schritt besprochen haben, zu nähren.

Schon mehrmals war im Rahmen dieses Buches davon die Rede, dass die Lehre des Buddha davon ausgeht, dass unser Festklammern an der Vorstellung, ein unabhängiges und beständiges »Ich« zu sein, viel Leid und Kummer verursacht. Wir identifizieren uns mit etwas, das es in Wirklichkeit nicht gibt. Das, was wir normalerweise als »Ich« bezeichnen, ist nach buddhistischer Anschauung ein Zusammenspiel von fünf Faktoren: Körper, Empfindungen, Wahrnehmungen, mentale und psychische Gestaltungskräfte und Bewusstsein. Keiner dieser Faktoren ist beständig, keiner verfügt über eine von der Außenwelt völlig getrennte Wesenheit, auf keinen können wir uns dauerhaft stützen.

Dies alles wirklich zu durchschauen, es als innere Erkenntnis zu erleben ist nicht auf einmal und durch bloßes Nachdenken möglich, sondern nur in einem längeren Prozess der inneren Erfahrung. Nach der Lehre des Buddha geht es letztlich darum, dass wir diese Identifikation zunächst bemerken, sie dann allmählich lockern und schließlich völlig loslassen. Man spricht von der »Einsicht in die Leerheit des Selbst«.

Wenn uns das gelingt, werden wir aber nicht zu einem gefühllosen Stück Holz. Es ist vielmehr so, dass nun das uns innewohnende Mit-

119

gefühl erst richtig zu fließen beginnen kann. Denn wir erkennen, dass unsere Mitmenschen sich in allerlei unnötigen Kummer und Leid verstricken und sich wie Kinder von Missgeschicken aus der Bahn werfen lassen, die eigentlich nicht der Rede wert sind.

Uns wird klar, dass das Leiden im Grunde völlig unnötig ist, die Wesen aber dennoch in leidvollen Situationen gefangen sind. Wir werden daher bemüht sein, die Leiden zu lindern, so wie wir das Kind trösten, dessen Luftballon gerade davongeflogen ist. Gleichzeitig werden wir aber auch versuchen, deutlich zu machen, dass das Leben nicht von einem Luftballon abhängt.

Aber gleicht nicht unser ganzes Leben einem Luftballon? Haben Sie in manchen Situationen das Gefühl, dass alles irgendwie unwirklich oder wie in einem Film ist? Manchmal wissen wir auch nicht so genau, ob ein inneres Bild von etwas herrührt, das wir früher selbst erlebt, bloß geträumt oder vielleicht nur gelesen haben. Möglicherweise träumen Sie auch sehr wirklichkeitsnahe Szenen und fragen sich manchmal, ob Ihr Wachzustand nicht auch nur ein Traum ist.

Die buddhistische Analyse geht noch weiter und hinterfragt, was diese Dinge, mit denen wir uns so gerne identifizieren, eigentlich sind – der Luftballon, das Auto, das Haus, der Körper, die Wahrnehmung, die Gefühle. Was meinen Sie? Was werden wir finden, wenn wir all das unter die Lupe nehmen? Atome, Elektronen, kleinste Teilchen, deren Namen nur die Physiker kennen? Die buddhistische Tradition sagt: »Wir finden nichts!« Es gibt nichts Stoffliches, auf das sich all diese Dinge stützen. Dies wird in buddhistischen Fachjargon »Leerheit der Phänomene« genannt. Das eigentliche Wunder aber ist, dass die Dinge dennoch erscheinen, dass wir etwas wahrnehmen, fühlen, ja dass wir überhaupt leben, obwohl keine substanzhafte Grundlage vorhanden ist. Man sagt, das Leben sei tatsächlich wie ein Traum. Wenn wir aus diesem Traum erwachen, dann sind wir wirklich wach, dann sind wir erwacht. Unser Geist und unser Herz sind dann ganz offen, durchlässig und klar. Unsere erleuchteten Qualitäten wie Liebe, Mitgefühl und Weisheit können ungehindert zum Wohle der Wesen hervorströmen. Auch wenn Sie dieser buddhistischen Analyse vielleicht nicht ganz folgen wollen, so ist es doch leicht zu erkennen, dass wir uns ständig mit Dingen identifizieren, die uns weder Sicherheit noch dauerhaftes Glück bringen, und dass wir dadurch uns selbst und anderen das Leben unnötig schwer machen. Dies können wir beheben, indem wir die Tendenz, uns mit vorübergehenden Dingen zu identifizieren, genau beobachten. Möglicherweise führt Sie das zu dem einen oder anderen Aha-Erlebnis und Sie erkennen, dass vieles, worüber Sie sich bislang aufgeregt haben, im Grunde gar nicht so wichtig ist.

Der zwölfte Schritt, das Aufgeben von falschen Identifikationen, ist von grundlegender Bedeutung für den ungehinderten Fluss des Mitgefühls. Indem wir erkennen, dass wir uns in unserem Versuch, ein »Ich« aufrechtzuerhalten, ständig mit den falschen Dingen identifizieren, kann sich unser Klammern an diese Idee langsam lockern. Wir nehmen uns selbst nicht mehr so wichtig und nehmen andere und deren Belange stärker wahr. Wenn uns darüber hinaus bewusst wird, dass auch die äußeren Dinge kein wirkliches und beständiges Glück versprechen, werden wir im Umgang mit der Welt und anderen Menschen gelassener und gleichmütiger – doch auf keinen Fall gleichgültig, denn unsere Empfindungsfähigkeit und unser Mitgefühl bleiben nicht nur erhalten, sondern werden immer intensiver.

Mit diesem großen und wichtigen Schritt haben wir im Grunde alle Hindernisse überwunden, die dem Erwachen des Herzens entgegenstehen. Wir empfinden alles, was andere empfinden und in uns steigen

Impulse zu spontanem Handeln zum Wohle der Wesen auf. Wir sind zu wahrhaft mitfühlenden Menschen geworden.

Den zwölften Schritt gehen

Gönnen Sie sich eine ruhige und ungestörte Zeit, in der Sie einfach atmen. Spüren und genießen Sie Ihren Atem. Es gibt nichts zu tun, außer zu atmen.

Wenn Sie möchten, können Sie Ihre Aufmerksamkeit auf Ihren ganzen Körper ausdehnen. Spüren Sie, wie er atmet. Lesen Sie dann die folgenden Fragen und lassen Sie jede einzeln eine Weile auf sich wirken. Warten Sie einfach, ob Antworten von alleine in Ihnen entstehen. Wenn keine kommen, ist das auch gut.

Zum Nachsinnen

Stellen Sie sich vor, Sie müssten einer fremden Person beschreiben, wer Sie sind. Wie sehen Sie aus, welche Eigenschaften haben Sie? Welche äußeren und inneren Merkmale sind typisch für Sie? Welche dieser Eigenschaften könnten sich verändern, ohne dass Ihr Gefühl, Sie selbst zu sein, verloren ginge? Vielleicht Ihre Frisur, Ihr Körpergewicht, Ihre politische Gesinnung? Stellen Sie sich auch die Frage, was Ihrer Meinung nach das Konstante in Ihnen ist. Was in Ihnen hat sich im Laufe Ihres Lebens nicht geändert?

Führen Sie sich vor Augen, dass Lebensumstände sich jederzeit verändern können. Die Situation, in der Sie und andere Menschen sind, ist nur eine Momentaufnahme. Heute geht es Ihnen vielleicht gut. Sie mögen im Augenblick im Wohlstand und Frieden leben, während in anderen Ländern Krieg, Not, Chaos und Katastrophen wüten. Aber das kann sich schnell ändern. Es ist möglich, dass Sie selbst oder das Land, in dem Sie leben, plötzlich in Not geraten und auf die Hilfe und Spendebereitschaft anderer Menschen und Länder angewiesen sind.

Achten Sie in den nächsten Tagen auf Folgendes

Beobachten Sie, wie Kummer oder Streit entstehen, nur weil wir uns übermäßig stark mit bestimmten Meinungen oder Erwartungen identifizieren. Wie schnell geraten wir aus reiner Rechthaberei in Konflikt mit unserer Umwelt?! Wie oft sind wir frustriert, nur weil ein Kino- oder Theaterbesuch nicht das hält, was wir uns von ihm versprochen haben?!

Wenn Sie etwas essen oder trinken, dann vergegenwärtigen Sie sich, dass es keineswegs selbstverständlich ist, dass Ihnen all diese Speisen und Getränke zur Verfügung stehen und Sie diese hier und jetzt genießen können. Eine unendliche Zahl von Bedingungen muss zusammenkommen, viele Menschen haben ihren Teil dazu beigetragen, damit dieses Mahl heute auf Ihrem Tisch stehen kann.

123

Anregungen zum Handeln

Stellen Sie sich selbst während der nächsten Tage gelegentlich die Frage:»Ist das eigentlich eine Traum oder die Wirklichkeit?«

*

Versuchen Sie Menschen, die großen Kummer haben, zu einem Blick über den eigenen Tellerrand zu verhelfen. Weisen Sie auf einen größeren Zusammenhang hin. Machen Sie deutlich – so banal das auch klingen mag –, dass sich Regen und Sonnenschein immer abwechseln.

Wünsche und Vorsätze

Formulieren Sie einen Wunsch, der deutlich macht, dass Sie sich nicht mehr mit vorübergehenden Dingen identifizieren wollen. Lassen Sie sich von den folgenden Beispielen inspirieren:

Möge ich meine Erwartungen loslassen können.
Möge ich die Dinge als traumhaft erkennen.
Mögen alle Wesen frei sein von der Identifikation mit der Idee eines dauerhaften und unabhängigen Ichs.

Schreiben Sie einen solchen Wunsch in Ihr Wunschbuch und fassen Sie einen konkreten Vorsatz nach dem folgenden Modell:

Ich nehme mir vor, mich nicht mehr so stark mit ....
.... (eine bestimmte Situation, eine Aufgabe oder ein bestimmter Gegenstand) zu identifizieren.

124

Teil 3

Wahres Mitgefühl kennt keine Grenzen

Die Vier Unermesslichen Qualitäten

Indem Sie den zwölf Schritten des Übungsteils gefolgt sind, haben Sie sich auf den Weg des Herzens gemacht und bereits einige Hindernisse überwunden, die dem freien Fluss des Mitgefühls entgegenstehen. Nun soll noch eine Übung vorgestellt werden, die sich weniger mit den Blockaden als mit dem Fließen und Ausdehnen des Mitgefühls und anderer positiven Qualitäten beschäftigt. Dies ist die Übung der Vier Unermesslichen Qualitäten Liebe, Mitgefühl, Mitfreude und Gleichmut.

Wenn sie die Übung der Vier Unermesslichen Qualitäten mit den zwölf Schritten verbinden, arbeiten Sie sich in gewisser Weise von zwei Seiten an das Mitgefühl heran: zum einen dadurch, dass Sie beseitigen, was es blockiert, zum anderen dadurch, dass Sie sich auf die ungehinderte Entfaltung des Mitgefühls ausrichten und sich daran gewöhnen, es allen Wesen zuteil werden zu lassen.

Die Entfaltung der Vier Unermesslichen Qualitäten

Die Essenz der Vier Unermesslichen Qualitäten findet ihren Ausdruck in folgenden vier Zeilen:

Mögen alle Wesen Glück und die Ursache des Glücks haben.

Mögen alle Wesen vom Leiden und der Ursache des Leidens frei sein.

Mögen alle Wesen nicht vom wahren Glück, welches ohne Leiden ist, getrennt sein.

Mögen alle Wesen in großem Gleichmut verweilen, frei von Anhaftung an das, was sie mögen, und Abneigung gegen das, was sie nicht mögen.

Diese Worte erinnern Sie vielleicht an die Wünsche, die wir in den zwölf Übungsschritten formuliert haben, um unsere Kraft auf das zu fokussieren, was uns im Leben wichtig ist und was wir unseren Mitmenschen wünschen.

Im Rahmen der Vier Unermesslichen richten wir unsere Aufmerksamkeit nun auf die vier Qualitäten Liebe, Mitgefühl, Mitfreude und Gleichmut beziehungsweise Gleichheit, die wir als Potenzial bereits in uns tragen, die wir aber bisher nur ängstlich und verzagt mit einem kleinen Personenkreis teilen. Indem wir uns auf ihren »unermesslichen« Aspekt konzentrieren, lernen wir, mit ihnen großzügiger, freier und mutiger umzugehen und sie allen Lebewesen zugute kommen zu lassen. Wirklich unermesslich werden sie schließlich, wenn es uns – zumindest ansatzweise – gelingt, alle eingrenzenden Vorstellungen loszulassen.

In manchen buddhistischen Traditionen konzentriert sich die Übung der Vier Unermesslichen Qualitäten darauf, die vier Zeilen mehrmals täglich zu rezitieren. Wenn Sie wollen, können Sie das ebenfalls tun. Durch die zwölf Schritte des Übungsteils verfügen Sie bereits über ein beträchtliches Verständnis dessen, was unsere erleuchteten Qualitäten blockiert und wie man damit umgehen kann. Vor diesem Hintergrund können sie die Zeilen immer wieder lesen und sich mit den Vier Unermesslichen Qualitäten vertraut machen.

Eine andere Möglichkeit, die Vier Unermesslichen Qualitäten zu üben, besteht darin, sie im Rahmen einer angeleiteten Meditationsübung zu stärken. Wie diese Meditation durchgeführt wird und welche Schwerpunkte gesetzt werden, ist in den einzelnen buddhistischen Traditionen unterschiedlich.

Die Übung der unermesslichen Liebe (*metta* in Pali und *maitri* in Sanskrit) wird oft mit der Anleitung verknüpft, sich etwas Positives im eigenen Herzen vorzustellen, zum Beispiel eine wärmende und nach allen Richtungen ausstrahlende Sonne, deren Strahlen alle Wesen berührt. Es könnte auch eine Flamme sein, die in Ihrem Herzen von Natur aus einfach da ist und ihre Wärme ausstrahlt. Ein anderes Bild ist das des Springbrunnens, aus dem alles erdenklich Gute hervorsprudelt und zu den anderen Wesen gelangt.

Dabei geht es in erster Linie um die Gefühle, die durch die Übung ausgelöst werden, nicht um die Bilder selbst. Uns sollte auch immer klar sein, dass es sich sowohl bei den Bildern als auch bei den hervorgerufenen Qualitäten um etwas handelt, das kein persönlicher Besitz ist. Was da wirkt, ist von Natur aus unbegrenzt und unerschöpflich in uns allen vorhanden.

Eine konkrete Möglichkeit, wie die Übung der Vier Unermesslichen Qualitäten durchgeführt werden kann, soll abschließend vorgestellt werden. Wenn Sie möchten, machen Sie gleich mit. Lassen Sie sich für jede der Übungen etwa zehn Minuten Zeit.

Unermessliche Liebe

Setzen Sie sich an einen ruhigen Ort, sorgen Sie dafür, dass Sie ungestört sind, und atmen Sie einige Male tief durch. Richten Sie Ihre Aufmerksamkeit einfach auf Ihren Atemrhythmus. Spüren Sie, wie Sie ein- und ausatmen. Spüren Sie auch den Raum um Sie herum.

Denken Sie nun daran, dass Sie selbst, wie jeder andere Mensch auch, glücklich sein möchten. Spüren Sie Ihre Bedürftigkeit und Verletzlichkeit. Bemerken Sie Ihre eigene Sehnsucht, Ihren Wunsch, Ihr eigenes Bedürfnis nach Wohlsein, Glück und Zufriedenheit. Denken Sie dann an einen Menschen, den Sie sehr gerne haben.

Wünschen Sie diesem Menschen ebenfalls Glück, Wohlsein und Zufriedenheit. Sie können innerlich den Satz sagen: »Möge ....
glücklich sein.«

Spüren Sie diesen Wunsch wie eine helle und wärmende Flamme in Ihrem Herzen. Lassen Sie die Wärme der Flamme zu dieser Person hinausstrahlen und ihr Herz berühren. Spüren Sie, wie sie froh, stark und glücklich wird.

Stellen Sie sich als Nächstes eine Person vor, mit der Sie einen höflichen Umgang pflegen, und wünschen Sie auch ihr Glück. In Ihrer Vorstellung strahlt auch zu dieser Person die Wärme der Flamme in Ihrem Herzen aus.

Denken Sie dann an jemanden, dem gegenüber Sie neutral eingestellt sind und wünschen Sie, dass auch dieser Mensch glücklich sein möge. Auch dieser Mensch wird von der Wärme Ihres Herzens berührt.

Stellen Sie sich nun eine Person vor, die Sie nicht besonders mögen, und wünschen Sie ihr ebenfalls Glück und Wohlsein.

Denken Sie schließlich an einen Menschen, den Sie nicht ausstehen können, und versuchen Sie, auch ihm Glück zu wünschen. Wiederum treffen die Wärmestrahlen aus Ihrem Herzen auf das Herz dieser Person und vermitteln Wohlsein, Glück und Freude. Sagen Sie innerlich den Satz: »Möge .... glücklich sein.«

Überlegen Sie, wie viele Menschen und andere Lebewesen in Ihrem Haus wohnen. Wünschen Sie all diesen Wesen Glück und Freude. Spüren Sie, wie die Wärme aus Ihrem Herzen sie alle erreicht und berührt. Sprechen Sie den Satz: »Mögen all diese Wesen glücklich sein.«

Denken Sie nun nach und nach an alle Wesen, die in Ihrer Nachbarschaft wohnen, und wünschen Sie ihnen Glück, dann an Wesen in Ihrem Ortsteil, Ihrer Stadt, Ihrer Region, Ihrem Land, Ihrem Kontinent, auf der Erde, im Sonnensystem, schließlich im ganzen Weltall.

Setzen Sie jeweils einen inneren Impuls des Wünschens, dass alle dort lebenden Wesen glücklich sein mögen.

Stellen Sie sich vor, wie die unerschöpfliche Wärme aus Ihrem Herzen all diese Wesen erreicht und erwärmt.

Denken Sie schließlich nur noch: »Mögen alle Wesen glücklich sein.« Spüren Sie diesen Wunsch nach Glück und lassen Sie dann, soweit möglich, alle Vorstellungen von konkreten Wesen, bestimmten Orten und Begrenzungen los. Verweilen Sie für einige Momente in diesem Zustand der Grenzenlosigkeit der Liebe ohne Bezugspunkt. Damit ist Ihre Liebe zu einer unermesslichen Qualität geworden.

Sie haben bemerkt, wie wir versuchen, sowohl für Freunde als auch für Feinde die gleiche Liebe zu empfinden. Das ist nicht immer leicht, doch wir tun es, so gut wir es im Moment vermögen. Mit der Zeit wird es uns immer selbstverständlicher werden, dass alle Menschen sich nach Glück sehnen und wir mit unserer unermesslichen Liebe getrost großzügig umgehen können.

Unermessliches Mitgefühl

Auf die Unermessliche Qualität der Liebe folgt die des Mitgefühls. Die Vorgehensweise ist im Prinzip die gleiche wie bei der Übung zur Liebe. Setzen Sie sich bequem nieder. Richten Sie Ihre Aufmerksamkeit zunächst wieder auf Ihren Atemrhythmus. Spüren Sie, wie Sie ein- und ausatmen. Spüren Sie auch den Raum um Sie herum.

Denken Sie nun an eine Person, der Sie viel verdanken und die Sie sehr schätzen. Das können Vater oder Mutter sein, ein Freund, eine Freundin – wer auch immer. Möglicherweise hat diese Person ein Problem, muss starke Schmerzen erdulden oder hat es einfach schwer im Leben. Spüren Sie den Wunsch in Ihrem Herzen: »Wie schön wäre es doch, wenn .... sein Leiden loswerden könnte. Möge .... frei sein von Leiden.«

Denken Sie nun an einen anderen Menschen, den Sie sympathisch finden, und wünschen Sie auch ihm: »Möge .... frei sein von Leiden.« Dabei muss es sich gar nicht um dramatisches Leiden handeln. Auch alltägliche Sorgen können uns ganz schön zusetzen.

Richten Sie sich nun in Ihrer Vorstellung auf einen Menschen aus, für den Sie neutrale Gefühle hegen, und wünschen Sie auch ihm: »Möge .... frei sein von Leiden und Problemen.«

Stellen Sie sich dann eine Person vor, die Sie nicht mögen oder vielleicht sogar hassen. Spüren Sie wiederum den Wunsch in sich: »Möge .... frei sein von Leiden.«

Erweitern Sie nun wieder Ihre Aufmerksamkeit. Denken Sie an Ihre Nachbarn, die Bewohner Ihres Stadtviertels, die Lebewesen in Ihrer Stadt, Ihrer Region, Ihrem Land, auf Ihrem Kontinent, auf der Erde, im Weltall. Sprechen Sie immer wieder innerlich oder auch laut den Wunsch aus: »Mögen diese Wesen frei sein von Leid.«

Spüren Sie nur noch diesen Wunsch und lassen Sie alle bildlichen Vorstellungen los. Entspannen Sie sich dann in die unermessliche Weite des Raumes um Sie herum und vertrauen Sie auf die positive Wirkung Ihrer Wünsche. Bleiben Sie entspannt und tun Sie einfach nichts weiter. Abschließend können Sie wieder für einige Minuten auf Ihren Atem achten.

Unermessliche Mitfreude

Die Lebewesen leiden zwar, aber sie alle besitzen das Potenzial zur Erleuchtung. Dies zu erkennen lässt Freude in uns aufkeimen. Wir erfreuen uns an den erleuchteten Qualitäten der anderen Menschen, auch wenn diese sich im Moment nur teilweise oder verzerrt zeigen. Wir erfreuen uns an den guten Taten und am Glück anderer.

Wir beginnen wieder mit Menschen, die uns lieb sind, und weiten das in der oben beschriebenen Weise aus. Bemerken Sie, wie Sie ein- und ausatmen. Genießen Sie das Mitschwingen mit Ihrem Atemrhythmus. Spüren Sie den Raum um Sie herum.

Denken Sie nun an eine Person, die Sie sehr gerne haben. Führen Sie sich die positiven Eigenschaften dieser Person vor Augen. Vielleicht ist sie besonders großzügig oder einfühlsam, verbreitet immer gute Stimmung oder setzt sich für das Wohl anderer ein. Denken Sie dann: »Wie schön, dass .... so viel Positives getan hat. Möge er/sie nicht vom wahren Glück, welches ohne Leiden ist, getrennt sein.«

Stellen Sie sich nun eine Person vor, die Ihnen eher gleichgültig ist. Machen Sie sich klar, dass auch diese Person das Potenzial zum Erwachen hat. Es zeigt sich schon jetzt in diversen positiven Qualitäten. Nehmen Sie diese zur Kenntnis und wünschen Sie: »Möge .... sein Potenzial zum Erwachen voll entfalten. Möge er / sie nicht vom wahren Glück, welches ohne Leiden ist, getrennt sein.«

Führen Sie sich nun das Bild eines Menschen vor Augen, den Sie nicht mögen. Denken Sie daran, dass auch er Qualitäten hat, die nur darauf warten, zur Entfaltung zu kommen. Wünschen Sie: »Möge .... sein / ihr Potenzial zum Erwachen voll entfalten. Möge er / sie nicht vom wahren Glück, welches ohne Leiden ist, getrennt sein.«

Stellen Sie sich nun wieder verschiedene Gruppen von Lebewesen vor – alle Wesen in Ihrem Haus, in Ihrer Gegend, Ihrer Stadt, Ihrem Land, in Europa, auf der Erde, in unserem Sonnensystem, in der Milchstraße, in der Weite des Universums – und denken Sie jedes Mal: »Mögen alle diese Wesen nicht vom wahren Glück getrennt sein, welches ohne Leiden ist. Mögen sie ihr Potenzial zum Erwachen voll entfalten.« Freuen Sie sich über die Tatsache, dass dies möglich ist, da alle Wesen die Voraussetzungen bereits als Keim in sich tragen.

Lassen Sie nun alle bildlichen Vorstellungen los und spüren Sie nur noch diese Freude. Dann lassen Sie auch die Freude los und entspannen sich einfach in der Weite des Raumes.

Oft fällt es schwer, uns über das Glück und den Erfolg von Menschen zu freuen, die wir als Konkurrenten, Widersacher oder gar Feinde betrachten. Im sechsten Übungsschritt, der Überwindung von Neid, haben wir ausführlich darüber gesprochen. Wenn Ihnen die Entwicklung von Mitfreude sehr große Schwierigkeiten bereitet, hilft es Ihnen vielleicht, dieses Kapitel noch einmal zu lesen. Haben Sie viel Geduld mit sich. Wichtig ist, dass Sie sich auf den Weg gemacht haben. Sie müssen nicht gleich perfekt sein.

Unermesslicher Gleichmut

Die letzte Übung der Vier Unermesslichen Qualitäten befasst sich mit der Entwicklung einer ausgeglichenen Geisteshaltung, die sowohl allen äußeren Dingen, Situationen und Wesen als auch allen inneren Vorgängen mit der gleichen Offenheit und Unvoreingenommenheit begegnet. Jede Situation, jeder Mensch und jede innere Regung wird als gleichwertig wahrgenommen. Nichts wird abgelehnt, an nichts klammert man sich.

Diese Haltung mag Sie an die Überlegungen in den ersten beiden Übungsschritten erinnern, als wir versuchten, unsere gewohnte Einteilung aller Erfahrungen in angenehm, unangenehm und neutral zu überwinden. Der Gleichmut, um den es hier geht, bedeutet nicht, dass uns alle Lebewesen gleichgültig sind, sondern dass wir alle mit der gleichen Liebe, dem gleichen Mitgefühl und der gleichen Mitfreude bedenken. Gleichmut ist in diesem Sinne die Voraussetzung für die Übung der anderen drei Unermesslichen Qualitäten.

Die Entfaltung von unermesslichem Gleichmut besteht darin, an verschiedene Menschen denken – solche, die wir mögen, nicht mögen und die uns nicht interessieren – und uns darin zu üben, sie mit dem gleichen Wohlwollen zu betrachten.

Wir wissen, wie viel Leid aus Hass und Feindseligkeit erwächst, und können besonders Personen, die sich in gewalttätigen Konflikten befinden, wünschen, dass sie ihren vermeintlichen Feind wieder als Mensch sehen können.

Setzen Sie sich wieder an einen ruhigen Ort, sorgen Sie dafür, dass Sie ungestört sind und atmen Sie einige Male tief durch. Richten Sie Ihre Aufmerksamkeit auf Ihren Atemrhythmus. Spüren Sie, wie Sie ein- und ausatmen. Nehmen Sie auch die Weite um Sie herum wahr.

Denken Sie an einen Menschen, den sie sehr gerne haben und dem Sie mit Leichtigkeit wünschen können, dass es ihm gut gehen und er sein Potenzial zum Erwachen entfalten möge. Stellen Sie diesem Menschen in Ihrer Vorstellung nun eine Person zur Seite, die Sie nicht mögen. Versuchen Sie, dieser ungeliebten Person mit der gleichen Intensität von Herzen das Gleiche zu wünschen wie der geliebten Person.

Lassen Sie vor Ihrem inneren Auge nun auch noch eine für Ihr Empfinden neutrale Person dazukommen und versuchen Sie, für alle drei Personen die gleichen positiven Gefühle und Wünsche zu empfinden. Denken Sie als Nächstes an eine Gruppe von Menschen, die Sie mögen und für die Sie Ihr Herz leicht öffnen können. Stellen Sie sich dann einen Kreis von Menschen vor, den Sie ablehnen. Versuchen Sie nun, für beide Gruppierungen das gleiche Wohlwollen zu empfinden.

Lassen Sie nun die Gruppen von Menschen, die Sie einander gegenüberstellen, schrittweise immer größer werden: verschiedene politische Parteien, verschiedene Vereine, Menschen verschiedener Regionen, Länder, Kontinente, vielleicht sogar mögliche Wesen verschiedener Planeten und Galaxien. Versuchen Sie bei jedem Schritt, den einzelnen Gruppen mit der gleichen Herzenswärme alles Gute zu wünschen.

Denken Sie schließlich, dass es unendlich viele Wesen gibt, und wünschen Sie ihnen allen Wohlsein und Glück.

Schließen Sie mit dem Wunsch: »Mögen alle Wesen in grenzenlosem Gleichmut verweilen, frei von Anhaftung an Personen, die sie mögen, und Abneigung gegen Wesen, die sie nicht mögen.«

Indem Sie anderen Gleichmut wünschen, verstärken Sie ihn auch in sich. Ein solches Gefühl für die Gleichheit aller Wesen zu empfinden ist die beste Voraussetzung, um wieder mit der Übung von unermesslicher Liebe zu beginnen.

Die Beschäftigung mit den Vier Unermesslichen Qualitäten kann man also als kreisförmige Meditationsübung verstehen und nicht so sehr als einmaligen Durchgang. In den meisten buddhistischen Traditionen beginnt man mit der Liebe. Aber, wie eben erläutert, ist Gleichmut eigentlich die Voraussetzung für die anderen Qualitäten. So ist es durchaus sinnvoll, mit dieser Eigenschaft zu beginnen. Im Grunde spielt es aber keine Rolle, bei welcher der vier Qualitäten wir beginnen, weil sich eine aus der anderen ergibt.

Bei der Übung der Vier Unermesslichen geht es nicht darum, uns selbst etwas vorzumachen. Wie bei allen buddhistischen Methoden gilt, dass wir die Übung so gut ausführen, wie es uns gerade möglich ist. Wenn es Ihnen schwer fällt, Ihren Feinden Gutes zu wünschen, ist das in Ordnung. Wichtig ist, dass Sie die Schulung des Mitgefühls als den richtigen Weg empfinden. Sie können sich sagen: »Es fällt mir im Moment noch schwer, aber ich weiß, es ist der einzige und richtige Weg. Ich übe einfach weiter.« Damit gewöhnen Sie sich allmählich an diese mitfühlende und gleichmütige innere Haltung und sie wird Ihnen im Laufe der Zeit immer selbstverständlicher.

Wenn Sie die Vier Unermesslichen Qualitäten regelmäßig üben möchten, ist es zu empfehlen, an einem entsprechenden Seminar unter der Leitung von qualifizierten Personen teilzunehmen, um sich in die richtige Herangehensweise an die Übungen einführen zu lassen. Kontaktadressen hierzu finden Sie im Anhang.

Viele Methoden, ein Ziel

Die zwölf Schritte zu einem mitfühlenden Leben und die Übung der Vier Unermesslichen Qualitäten haben Ihnen hoffentlich einen Eindruck vermittelt, wie reichhaltig die buddhistischen Methoden und Übungen sind. Es wäre schön, wenn Sie das eine oder andere als Inspiration aufgreifen und in Ihr Leben integrieren würden.

Falls Sie sich von der Fülle der Möglichkeiten überwältigt oder entmutigt fühlen, möchte ich Sie bitten, sich zu erinnern, was unser Ziel ist: Es geht darum, unser menschliches Potenzial zur Entfaltung zu bringen, sodass Mitgefühl und Liebe frei und ungehindert aus uns hervorquellen können. So leisten wir einen wertvollen Beitrag, damit wir als Gemeinschaft wahres Glück und Wohlsein erleben können. Jeder noch so kleine Schritt in diese Richtung ist gut, richtig und wichtig.

Möge dieses Buch Ihnen dabei eine Hilfe sein.

137

Anhang

Danksagung

Woher kommt eigentlich die Inspiration für ein Buch? Für mich kommt sie vor allem von meinem spirituellen Lehrer, dem englischen Dzogchen-Meister Rigdzin Shikpo, und seiner Tradition, der »Longchen Foundation«. Die unterstützende Kraft, die von dort fließt, ist vergleichbar mit einem Stromnetz, an das ich angeschlossen bin. So bin ich dankbar für diese Verbindung und die klaren, mitfühlenden Ratschläge, Hinweise und Unterweisungen, die ich im Laufe vieler Jahre von Rigdzin Shikpo empfangen habe.

In einer der Übungen, in die er uns einführte, arbeiteten wir mit bildlichen Vorstellungen von unserer zu Eis erstarrten Gefühls- und Erlebniswelt. Diese galt es zum Schmelzen zu bringen, damit das Wasser des Lebens wieder fließen konnte. Das Bild vom »Fließen-Lassen« natürlicher Energien hat mich seitdem begleitet und findet im zentralen Thema dieses Buches seinen Ausdruck, dem freien Fluss des Mitgefühls.

Weiterhin bin ich Frau Dr. Francesca Fremantle zu Dank verpflichtet. Aus ihrem fundierten und umfassenden Werk *Luminous Emptiness. Understanding the Tibetan Book of the Dead* habe ich viele Anregungen geschöpft, insbesondere was die Beschreibung der fünf Geistesgifte und der entsprechenden fünf Buddha-Weisheiten betrifft.

Danken möchte ich weiterhin allen, die mich auf vielfältige Weise bei der Arbeit an diesem Buch unterstützt haben: durch Ermutigung und Kritik, Vertrauen und Liebe sowie durch praktische und finanzielle Hilfe. So ist dieses Buch, wie alles auf der Welt, ein gemeinsames Werk von vielen Menschen und Kräften.

Möge dieses Buch eine Inspiration für Sie sein, Ihr Herz zu öffnen. Mögen sich Fehler, die von mir stammen, nicht hinderlich auswirken.

Leseempfehlungen

Chögyam Trungpa: *Das Buch vom meditativen Leben*. Barth, München 1989

Ders.: *Spirituellen Materialismus durchschneiden*. Theseus 1989

Ders.: *Weltliche Erleuchtung. Die Weisheit Tibets für den Westen*. Arbor 2002

Dilgo Khyentse: *Das Herzjuwel der Erleuchteten. Die Übung von Sicht, Meditation und Verhalten*. Theseus 1994

Patrul Rinpoche: *Die Worte meines vollendeten Lehrers. Ein Leitfaden für die Vorbereitenden Übungen der »Herzessenz der weiten Dimension« des Dzogchen*. Arbor 2001

Ringu Tulku: *Der Lazy Lama betrachtet die buddhistische Meditation*. Bodhicharya Verlag, Hamburg 2002

Irmentraud Schlaffer: *Buddhismus für den Alltag. Mit entspannter Aufmerksamkeit durch den Tag*. Theseus 2003

Shantideva: *Die Lebensführung im Geiste der Erleuchtung. Das Bodhisattvacharyavatara*. Theseus 2004

Rigdzin Shikpo: *Meditation und Achtsamkeit. Schlüssel zu innerem Vertrauen*. Theseus 1999

Ders.: *Formlose Meditation und der Prozess des Sterbens*. Buddhistische Gemeinschaft Longchen e.V., 2. Auflage 2005

Englischsprachige Literatur

Chögyam Trungpa: *Collected Works*. 8 Bände, Shambhala, Boston & London, 2003 und 2004

Francesca Fremantle: *Luminous Emptiness*. Shambhala, Boston & London 2001

Kontaktadressen

Die Autorin lehrt und lernt in der von Rigdzin Shikpo geleiteten Tradition der Longchen Foundation, die in Deutschland durch die Buddhistische Gemeinschaft Longchen e.V. vertreten ist.

Informationen über Seminare der Autorin: www.i-schlaffer.de

Informationen zur Buddhistischen Gemeinschaft Longchen e.V.:
Buddhistische Gemeinschaft Longchen e.V.
C/o Regine Simovics
Am Alten Kirchweg 5
53639 Königswinter
Telefon und Fax: 0 22 23 / 231 85
www.longchen.de, regsim@aol.com

Einen guten Überblick über buddhistische Gruppen verschiedenster Traditionen erhalten Sie bei den Dachverbänden. Dort gibt es auch nach Postleitzahlen geordnete Verzeichnisse, sodass Sie leicht eine Gruppe in der Nähe Ihres Wohnorts finden können.

In Deutschland:
Deutsche Buddhistische Union
Geschäftsstelle
Amalienstr. 71
80799 München
Tel. 0700 / 28 33 42 33
www.dharma.de

In Österreich:
Österreichische Buddhistische
Religionsgesellschaft
Fleischmarkt 16
A - 1010 Wien
Tel. und Fax: 0043 / 1 / 512 37 19
www.buddhismus-austria.at

In der Schweiz:
Schweizerische Buddhistische Union
Postfach 1809
Ch-8021 Zürich
www.sbu.net

Über die Autorin

Irmentraud Schlaffer, 1957 geboren, unternahm nach dem Abitur längere Reisen ins Ausland, unter anderem nach Nord- und Südamerika und durch Asien. Auf Sri Lanka nahm sie zum ersten Mal an einem buddhistischen Meditationskurs teil und fand damit ihren spirituellen Weg. Zurück in Deutschland, übte sie einige Zeit unter Anleitung von Mönchen aus der Theravada-Tradition, fasste dann aber in der tibetischen Karma-Kagyü-Tradition Fuß. Um die buddhistischen Schriften im Original lesen zu können, studierte sie neben Vergleichender Religionswissenschaft auch Pali, Sanskrit und Tibetisch. Später nahm sie an einem fünfjährigen Studienprogramm der buddhistischen Philosophie in der Karma-Kagyü-Tradition teil. Während der ganzen Zeit übte sie entsprechende Meditationsformen und versuchte stets, die Lehre des Buddha von innen heraus, aus ihrer eigenen Erfahrung zu verstehen.

Nach dem Abschluss ihres Studiums gab sie Tibetisch-Kurse, übersetzte mehrere buddhistische Bücher aus dem Englischen und hielt Vorträge zu buddhistischen Themen. Nach einem Aufbaustudium Deutsch als Fremdsprache war sie zwölf Jahre in Sprach- und Integrationskursen für ausländische Zuwanderer in Deutschland tätig. Sie ist Mutter einer inzwischen erwachsenen Tochter.

1991 kam sie mit den Lehren der Longchen Foundation in Berührung und ist seit 1993 Schülerin und Übersetzerin des englischen Dzogchen-Lehrers Rigdzin Shikpo. Von ihm wurde sie zur Lehrerin in seiner Tradition ernannt. Irmentraud Schlaffer leitet Seminare über Meditation und buddhistische Themen und ist als Autorin und Übersetzerin tätig. Ihr Schwerpunkt ist die praktische Anwendung der buddhistischen Lehre im Alltag.

Irmentraud Schlaffer

Buddhismus für den Alltag
Mit entspannter Aufmerksamkeit durch den Tag

160 Seiten, Paperback

€ (D) 14,90

sFr 26,90

€ (A) 15,40

ISBN 3-89620-215-4

ISBN 978-3-89620-215-4

THESEUS